新版 大学教職員のための
権利ハンドブック

京滋地区私立大学教職員組合連合
京都私立大学教職員組合連絡協議会 ●編

かもがわ出版

新版「大学教職員のための権利ハンドブック」発刊にあたって

　『私立大学教職員のための権利ハンドブック』第一版は、京滋地区私立大学教職員組合連合結成10周年を記念して、1996年に発刊されました。その序文で、当時の碓井敏正執行委員長は、多くの大学が少子化という状況を不安定雇用の導入によって乗り切ろうとしていることや、政府がそれを後押ししていることへの危惧を述べておられます。

　それから20年が経過し、日本の労働環境は予測をはるかに超えて悪化しました。若者の大部分が非正規労働者となり、結婚して子供を持つどころか、自分が食べていくだけで精一杯という状況、大学生が生活費を稼ぐために、授業や試験に出席できないという悲惨な状況を、一体だれが想像したでしょう。グローバル化や新自由主義の蔓延という大きな流れがあったとはいえ、日本の労働組合は労働者の権利を守るために、もっと何かできたのではないか、という苦い反省もあります。

　労働者としての権利を要求することは、「わがまま」ではなく、持続可能な社会を作っていくために必要不可欠な行為です。ふつうに働いている人がふつうに家庭を持つことができる、まっとうな社会を次の世代に手渡すことは、学校教育に携わる者として当然の義務ではないでしょうか。「文句を言ってもキリがない」と言って諦める前に、私たちの学生のためにも、労働者の権利について学び、経営者に対して粘り強く要求していきましょう。

　本書は、龍谷大学の脇田滋氏と矢野昌浩氏（現名古屋大学）、立命館大学の佐藤敬二氏、京都法律事務所の福山和人氏という優れた労働法のスペシャリスト4氏にご執筆いただき、京滋地区私立大学教職員組合連合結成30周年記念として出版することとしました。

　大学でも法曹界でも、通常業務をこなすだけで精一杯という状況にもかかわらず、執筆を快諾していただいたことには、感謝の言葉もありません。素人の私たちにとって、法律の世界は敷居が高いものですが、本書ではそ

れぞれのトピックについて、具体的な大学の事例を引きながら、わかりやすく説明してあります。各大学の労働条件に関する情報が満載ですので、すぐに交渉に役立つはずだと自負しております。

　また、大学経営者の方々にもご購入いただき、労働関係の基本的なルールについて知識を深めていただきたいと思っています。労使で力を合わせ、より良い大学を作っていこうではありませんか。

　本書の企画、編集、出版については、2016年度京滋私大教連執行委員会の北井宏明氏（京都橘大学）、築地達郎氏（龍谷大学）、水野哲八氏（龍谷大学）、そして書記局の佐々江洋志氏にお世話になりました。本当にありがとうございました。

京滋地区私立大学教職員組合連合
2017年度執行委員長　中川さつき

新版「大学教職員のための権利ハンドブック」＜目次＞

新版「大学教職員のための権利ハンドブック」発刊にあたって　　1

第1章　大学労働者の基本的な権利──────── 9

1．労働者の基本的権利と労働条件の法定基準　　10
　　(1)労働者の権利憲章　(2)大学教職員に関する権利憲章
　　(3)労働条件決定のしくみ
2．労働協約について　　12
　　(1)労働協約とは　(2)労働協約の締結と当事者　(3)労働協約の内容
　　(4)労働協約の期間　(5)協約終了後の効力の有効性について
3．就業規則　　15
　　(1)就業規則の作成　(2)就業規則の内容と効力
　　(3)就業規則の不利益変更　(4)労働者過半数代表の選出と労使協定
　　(5)服務規律・懲戒手続き

第2章　人間らしい働き方の実現に向けて──────── 19

1．健康・安全に働く権利　　20
　　(1)快適作業環境の保障　(2)労働契約上の健康配慮義務
　　(3)メンタルヘルスの対策という新たな課題
　　(4)男女共同参画（ダイバーシティー）の課題
2．安全衛生・健康破壊と事前予防　　25
　　(1)労働安全衛生法　(2)大学職場と安全・予防の重視
3．労働災害補償制度について　　27
　　(1)労働災害補償（労災保険）
　　(2)業務災害、通勤災害に関する労災保険給付の概要（一覧表）

4．健康・安全をめぐる労働組合の役割　30
　　　(1)職場環境を守る組合の役割　(2)安全衛生管理体制への参加
　　　(3)職場の労働者全体を代表
新版「大学教職員のための権利ハンドブック」出版に寄せて　33

第3章　非専任「教職員」の権利 ── 35

　1．雇用形態をめぐる基本原則　36
　　　(1)典型雇用（標準的労働関係）　(2)日本的雇用慣行の問題点と非正規雇用　(3)組合の消極的対応と非正規雇用拡大
　2．多様な非専任雇用と法律問題　38
　　　(1)有期雇用（フルタイム）　(2)パートタイム雇用（短時間労働）
　　　(3)間接雇用、労働者派遣　(4)個人請負・業務委託、準委任
　3．非正規労働と労働組合の課題　46
　　　(1)非正規労働に対する労働組合の責務
　　　(2)労働組合が主導する差別克服

第4章　大学・学部等の再編により生じる諸問題への対応 ── 49

　1．大学・学部・学科等の再編への対応　50
　　　(1)近年における大学・学部・学科再編の特徴　(2)合併
　　　(3)学部・学科等の譲渡　(4)学部・学科の募集停止・閉鎖
　　　(5)業務のアウトソーシング　(6)労働組合の役割
　2．配転・出向・転籍　54
　　　(1)配転命令の意義・根拠・限界　(2)出向命令の意義・根拠・限界
　　　(3)転籍命令の意義・根拠・限界
　3．労働条件の不利益変更とどうたたかうか　55
　　　(1)就業規則の作成、改訂による不利益変更
　　　(2)労働協約の締結、変更による不利益変更
　　　(3)就業規則の変更にも新協約の締結にもよらない場合

4．整理解雇　57

　　(1)整理解雇の4要件（要素）　(2)4要件（要素）の判断

5．退職金・年金　59

　　(1)退職金について　(2)年金について

6．労働組合としての対処方法　60

　　(1)労働組合は組織再編にどう対処すべきか

　　(2)交渉を成功させるための留意点

【コラム】　権利を守る取り組みに財政分析を活用するポイント　62

第5章　労働契約　———————————————— 65

1．採用　66
2．配転　67
3．昇任　68
4．解雇　69
5．就労請求　70
6．解雇手続　72
7．退職強要等　73
8．定年　74

第6章　労働時間・休息　———————————————— 77

1．労働時間　78

　　(1)労働時間規制の意義と労働時間の上限規制　(2)残業規制と36協定

　　(3)割増賃金　(4)残業義務　(5)適用除外　(6)労働時間管理

2．休息　86

　　(1)休息の意義　(2)休憩　(3)休日　(4)年次有給休暇

　　(5)その他の休日・休暇

新版『大学教職員のための権利ハンドブック』の発刊に寄せて　92

第7章　賃金―――――――――――――――――95

1．賃金　　96
2．賃金支払いの確保　　97
3．賃金（本俸）の引き下げ　　98
4．賞与の権利性と減額　　100
5．退職金　　101
6．人事考課・査定　　104

第8章　差別の禁止、育児・介護休業制度、ハラスメント―107

1．**性差別等の禁止**　　108
　　(1)平等原則と差別の禁止　(2)性差別の禁止　(3)パート法による差別の禁止　(4)有期雇用労働者に対する不合理な労働条件の禁止　(5)障がい者雇用促進法による差別禁止
2．**女性労働者の保護**　　111
　　(1)産前・産後休業　(2)妊産婦の軽易業務への転換等　(3)生理休暇　(4)育児時間
3．**育児休業制度**　　113
　　(1)育児休業制度　(2)育児休業中の所得保障　(3)3歳未満の子を養育する労働者を対象とする制度　(4)小学校就学前の子を養育する労働者を対象とする制度　(5)不利益取扱いの禁止
4．**介護休業制度**　　116
　　(1)介護休業制度の概要　(2)介護休業中の所得保障　(3)介護休暇制度　(4)短時間勤務等　(5)時間外労働等の制限　(6)不利益取扱いの禁止
5．**ハラスメント**　　118
6．**セクハラ**　　119
　　(1)セクハラとは何か　(2)加害者の法的責任　(3)大学の法的責任　(4)セクハラへの対処方法
7．**パワハラ**　　121

(1)パワハラとは何か　(2)パワハラと適法な指導との限界
　　　(3)パワハラの法的責任　(4)パワハラへの対処法
　8．マタハラ・パタハラ　　　123
　　　(1)マタハラとは何か　(2)マタハラの法的責任　(3)パタハラ
　9．労働組合の関与　　　126
　　　(1)ハラスメント対策への関与　(2)差別禁止・女性労働者保護・育児
　　　休業・介護休業等への関与
【コラム】　情報公開を求める権利について　　　128

第9章　労働組合の権利と活動────────── 131

　1．労働組合の役割と活動　　　132
　2．労働組合の権利　　　134
　　　(1)団体交渉　(2)労働協約　(3)ストライキ　(4)組合活動

第10章　労働委員会、労働基準監督署、裁判所の活用 ── 143

　1．労働委員会について　　　144
　　　(1)労働委員会の機能
　　　　①あっせん、調停、仲裁の利用　②不当労働行為の救済申立
　　　(2)個別紛争解決のための手続き
　2．労働局、労働基準監督署について　　　146
　　　(1)労働基準監督官の役割
　　　(2)申告に当たっての留意点
　　　(3)個別労使紛争のあっせんについて
　3．裁判所の活用　　　148
　　　(1)労働審判制度
　　　　①制度の概要　②審理の流れ　③制度の有効活用に向けて
　　　(2)裁判所における手続き
　　　　①民事調停　②仮処分の申立　③本訴

第1章

大学労働者の基本的な権利

本章では、大学で働く教職員は民間の労働者と同じく、日本国憲法や労働法に保障された権利を有していることを押さえた上で、労働条件決定の仕組みや労働協約・就業規則の効力など、基本的に把握すべき点を整理しておきます。

1．労働者の基本的権利と労働条件の法定基準

(1)労働者の権利憲章

労働者は、憲法や労働法によって働く上での基本的な権利が保障されています。憲法28条では「団結権、団交権、争議権」が保障されており、同27条では「労働権」および「最低労働条件」が定められています。それ故、労働者は労働組合を結成し、自らの労働条件に関与する権利を有しているのです。

さらに労働基準法（以下「労基法」）では、労働者保護法全体に通用する「人間らしい労働条件の原則」（1条）、「労使対等の原則（労働条件の決定）」（2条）、「均等待遇の原則」（3条）、「男女同一賃金の原則」（4条）、「強制労働禁止の原則」（5条）、「中間搾取の排除」（6条）、「公民権行使の保障」（7条）という7つの原則が定められており、大学で働く教職員もこれら諸権利の主体となります。

(2)大学教職員に関する権利憲章

前述した全ての労働者に関係する諸権利のほかに、大学教職員には憲法（23条）や教育基本法（2条）で「学問の自由」が保障されています。さらに、教育基本法7条では「大学については、自主性、自律性その他の大学における教育及び研究の特性が尊重」されるとともに、16条（4項）で「国及び地方公共団体は、教育が円滑かつ継続的に実施されるよう、必要な財政上の措置を講じなければならない」と定めており、これには教職員の労働諸条件の維持・改善も含まれています。

また、1997年に開催された第29回ユネスコ総会で「高等教育教員の地位に関する勧告」として、労働条件に関しては以下のような体系的な考え方

が国際的に初めて示され、採択されています。

> ①労働条件のあり方について
> 　高等教育の教育職員の労働条件は、効果的な教育、学問、研究および大学開放を最高に推進でき、かつ、その専門的業務の遂行を可能にするものでなければならない。
> ②教員団体の教育政策への関与について
> 　高等教育の教育職員を代表する団体は、教育の進歩に大きく貢献することができ、したがって理事者その他のかかわりのある団体とともに、高等教育の政策決定に含まれるべき勢力としてみなされ、かつ認識されなければならない。
> ③労働条件の決定方法について
> 　給与と労働条件および高等教育の教育職員の雇用条件に関連するすべての事項は…（中略）…高等教育の教育職員を代表する団体と彼らの雇用者との間の自発的交渉過程を通じて決定されなければならない。
> ④教員団体と身分保障
> 　教育制度、昇格、懲戒の基準と実施、教科書・教具の開発、職務遂行の基準の制定等への教員団体の参加、協力など。

(3)労働条件決定のしくみ―個別労働契約・就業規則・労働協約・労働者保護法の相互関係

　賃金・労働時間、職務内容などの労働条件は、労働者と使用者との間の個別の労働契約によって決定されるものです。労基法では「労使対等の原則」が定められているものの、実際には雇用される側の労働者は弱い立場にあるため、個別の労働契約以外に就業規則や労働協約、労働者保護法などが、現実の労働条件の決定に大きな役割を果たすことになります。

　労働者保護法（労働基準法や最低賃金法など）は、賃金・労働時間をはじめ採用や退職に至るまでの種々の労働条件について、最低基準を定めています。これら法律に定められた最低基準に反するような労働契約や就業規則の定めはすべて無効（労基法13条及び92条1項）となります。また、労基法等の改正にともなって、厚生労働省や労働局が通達や指針（ガイド

ライン）を発出する場合があります。これらの通達や指針に法的拘束力はないものの、行政の方針を定めたものであることを踏まえて、組合も有効に活用して大学側に指針や通達に沿った対応を求めていくことが重要になります。

また、労基法に違反するケース（例えば、違法な残業実態）については、その改善を求めて所轄の労働基準監督署へ申告することも認められており（労基法102条）、報復的な差別待遇を行なうことも禁止（同法104条2項）されているので、必要に応じて問題解決の手立てを講じるようにしましょう。

2．労働協約について

(1)労働協約とは

労働協約とは、労働組合と使用者との合意を文書化したものですが、「協約」「協定」「覚書」「確認書」等、名称や表題は特に問いません。協約事項は、組合活動をはじめ労働条件に関するあらゆる事項が対象となります。

労基法では、就業規則は労働協約に違反してはならない（労基法92条1項）と定めており、使用者が作成する就業規則よりも労働協約の方が、労働条件の決定に関して優位な地位にあることを認めています。

労基法をはじめ労働関連法に規定されている部分は最低基準ですので、労働組合の力によって労働条件の「上積み」を図ることができるのです。

(2)労働協約の締結と当事者

労働協約の当事者は「労働組合」です。団体交渉での議論の結果、労使合意に至った内容は「口頭合意」にとどめることなく労働協約にまとめることが必要です。労働組合法（以下「労組法」）では、労働協約の作成について、①書面で作成されていること、②両当事者が署名または記名押印すること（労組法14条）を定めています。なお、前述したとおり、労働協約はその名称を問わず、文書化された労使間合意は、全て労働協約として法的な効力を有します。

(3)労働協約の内容

労働協約の内容は、賃金・労働条件などの労働諸条件の基準を定めた「規範的効力」を持つ条項と、事業所施設内における組合事務所の提供、就業時間中の組合活動の保障、労働組合を脱退または除名された者を解雇する義務を使用者に負わせる「ユニオン・ショップ」条項などを定めた「債務的効力」を持つ条項に分けられます。

①労働協約の規範的効力

労働協約で定めた労働条件その他の労働者の処遇に関する基準に反する労働契約は、労働協約の基準に引き直されます（労組法16条）。個々の組合員は、労働協約によって引き上げられた基準にもとづいて、直接使用者に権利を請求できます。これを「規範的効力」といいます。なお前述した通り、就業規則よりも労働協約の定めが優先します。

②規範的効力が及ぶ範囲

基本的に組合と組合員には効力が及び、非組合員には及びません。また、協定締結後に加入した組合員も適用を受けますが、脱退した組合員はその適用を受けなくなるのが原則です。

また、同一の事業場に常時使用される労働者の4分の3以上の労働者が労働協約の適用を受けることになった場合、当該の事業場に使用される他の同種の労働者に対しても当該労働協約が適用されることになります（労組法17条）。「同種の労働者」とは、協約の適用対象を基準に決められるものであり、例えば教職員共通に適用されるものについては両者の数を基準とします。教員だけに適用されるものが教員の数を基準として、事務職員や管理職にも適用されるものについては、事務職及び管理職も含めた数を基準とします。

③労働協約の債務的効力

労働協約の「債務的効力」に関する事項とは、前述したように「組合活

動に関する事項（組合事務所の提供や就業時間中の組合活動の保障など）」や、「労使協議会の設置に関する事項」など、労働条件ではあっても個々の労働者が直接的に請求しにくい抽象的、一般的な合意が「債務的効力」に当たるものとなります。

(4)労働協約の期間

　労働協約の上限は3年で、それより長い期間の定めは3年の期間を定めたものとみなされます（労組法15条1項）。

　基本的に期間の満了によって協約は終了しますが、特に状況の変化がなければ継続させれば良いので、無協約状態を避けるために、自動更新規定（同一の有効期間で継続する）や、自動延長規定（期間の定めのないものとして継続する）をおいたり、1年～2年の定めをおいて「自動更新」「自動延長規定」を付す例もあります。

　期間の定めのない協約を解約する場合、少なくとも90日以上の予告期間をおいて、署名又は記名押印した文書によって解約できます（労組法15条3項前段、4項）。なお、協約の一部だけを解約することは、原則として認められません。さらに、協約の一方的破棄が不当労働行為と判断された以下のような判例・命令があります。

---

①組合費のチェックオフ協定の一方的破棄（プリマハム事件・最二小判昭和57.9.10、大井交通事件・東京都労委平成10.6.10、東京流機製造事件・東京地判昭和58.1.20）
②組合専従者協定の一方的破棄（駿河銀行事件・東京高判平成2.12.26）
③便宜供与（集会施設、構内放送利用、特別休暇、組合員関係者の出入り）の破棄（内山工業事件・中労委平成10.3.4）

　協約破棄の是非や次期協約締結の問題は「団体交渉事項」に当たるため、使用者側には誠実交渉義務が求められます。

(5)協約終了後の効力の有効性について

　協約の効力は、協約終了とともに失われるのが原則ですが、全ての効力

が失われてしまうのかについては、以下のような学説・判例があります（「余後効」をめぐる問題）。

①規範的効力に関する部分について

　協約存続中その定めに従って見直された労働条件は、協約が終了しただけでは変更されず、協約存続中の条件が維持されると考える学説や判例が多数あります。

> ＊一方的に労働契約の内容を変更することができないという継続的労使関係の原則による（朝日タクシー事件・福岡地裁小倉支判昭和48.4.8）
> ＊協約内容が個々の労働契約となっているため（香港上海銀行事件・大阪地判昭和58.3.28、三菱重工長崎造船所・長崎地判昭和60.6.26）
> ＊協約内容が就業規則の一部になっているため（香港上海銀行事件・最一小判平成元年9.7）

②債務的効力の部分

　団体交渉のルールや、組合活動上の便宜供与その他債務的効力を有する部分は、効力を失います。また、協約によって設置された労使協議会や苦情処理委員会等も根拠を失います。ただし、それまでの労使慣行が残る場合は、協約や労使慣行を一方的に破棄すると不当労働行為とみなされ、権利の濫用と判断される場合もあります。

3．就業規則

(1)就業規則の作成

　就業規則は、常時10人以上の労働者を雇用する事業場に対して、使用者にその作成を義務付けています（労基法89条）。就業規則は、所轄の労働基準監督署への届出が義務付けられていますが、就業規則を作成・変更する場合、労働者の過半数を組織する労働組合がある場合にはその労働組合、そのような労働組合がない場合は労働者の過半数を代表する者の意見を聴取し、意見書を添付することが義務付けられています。

また、就業規則はすべての従業員に周知徹底することが義務付けられており（労基法第106条）、周知されていない場合は法的に無効とみなされます。

(2)就業規則の内容と効力

就業規則には、「絶対的必要記載事項」として、①始業及び終業の時刻、休憩時間、休日、休暇並びに労働者を二組以上に分けて交替に就業させる場合の就業時転換に関する事項、②賃金の決定、計算及び支払の方法、賃金の締切り及び支払の時期並びに昇給に関する事項、③退職に関する事項、は必ず記載しなければなりません。

これに対して「相対的必要記載事項」として、④退職手当（適用される労働者の範囲、退職手当の決定、計算及び支払の方法、退職手当の支払の時期）に関する事項、⑤臨時賃金等（退職手当を除く）及び最低賃金額に関する事項、⑥労働者に負担させる事項、⑦安全及び衛生に関する事項、⑧職業訓練に関する事項、⑨災害補償及び業務外の傷病扶助に関する事項、⑩表彰及び制裁の種類に関する事項、など当該の事業場で働く労働者に適用される定めをする場合には、就業規則で規定することになります。

さらに、「期間を定めて雇用される契約従業員・パートタイマー・アルバイト、定年後に期間を定めて雇用される嘱託従業員」に関して、専任教職員を対象とした就業規則の適用から除外する場合は、個別に締結する雇用契約書または別に定める「パートタイマー就業規則」や「嘱託規程」を制定する必要があります。

(3)就業規則の不利益変更

使用者側が新たな就業規則の作成または変更によって、労働者に不利益をもたらすような労働条件の一方的変更は、労働契約法（以下「労契法」）9条で「使用者は、労働者と合意することなく、就業規則を変更することにより、労働者の不利益に労働契約の内容である労働条件を変更することはできない」と定められています。

その上で、「（労働条件の）変更には変更後の就業規則を労働者に周知させ、かつ、就業規則の変更が、労働者の受ける不利益の程度、労働条件の

変更の必要性、変更後の就業規則の内容の相当性、労働組合等との交渉の状況その他の就業規則の変更に係る事情に照らして合理的なものであるときは、労働契約の内容である労働条件は、当該変更後の就業規則に定めるところによるものとする」（10条）と定めており、労働条件の不利益変更については、「高度の合理性」が求められているのです。

⑷労働者過半数代表の選出と労使協定

現行の労働基準法の下で、法定時間を超える労働時間（36協定）に関する協定を締結する際や、就業規則の変更を行なう場合、労働者過半数代表との協定締結や意見の聴取が求められます。

労働者過半数代表とは、事業場に直接雇用される労働者の過半数を代表する者となっています。現在の大学職場では非常勤講師をはじめとした非正規雇用教員、さらにパートタイマー・契約職員など非正規雇用職員が数多く働いており、それらを含めた労働者の過半数を組織する組合はごく少数であるのが実態です。

こうした現状を踏まえて、労働者過半数代表の選出に向けた選挙を民主的な手続きに則って実施している大学もあります。労働組合が主体となって、職場の労働者全体の意思を反映する民主的な代表者選出の取り組みを通じて、職場における賃金・労働諸条件の問題や課題を明らかにし、その解決に向けた取り組みを進めていくことが重要になってきます。

⑸服務規律・懲戒手続き

就業規則には、労働条件を定める部分と教職員に対する服務規律を定める部分があります。多くの私立大学では服務規律違反について、就業規則上、「懲戒規定」を定めています。

近年、教職員に対する懲戒規定の厳格化を進める動きが強まっていますが、労基法において「労使対等の原則」が定められている点から見ても、労使の一方が他方に厳重処分を下すことは慎重になされるべきであり、特に労働者にとって重大な不利益をもたらす懲戒処分の濫用は認められないことです。

人間らしい働き方の実現に向けて

第2章

1．健康・安全に働く権利

(1)快適作業環境の保障

　労働者は、人間らしく働く権利を有しており、労働基準法では賃金や労働時間などの労働条件が人たるに値するものでなければならないと規定しています（1条）。

　さらに1972年、同法から独立して制定された労働安全衛生法は、労働災害防止対策とともに、職場における労働者の安全と健康を確保することや、快適な職場環境の形成を促進することを目的として明示しました。（1条）。そして、事業場において快適な職場環境を形成する事業者の努力義務を定め（71条の2）、厚生労働大臣の「快適な職場環境の形成のための指針」を予定しています（71条の3）。

　ILO（国際労働機関）は、「人間らしい労働（decent work）」の実現を各国に呼びかけています。以前の日本は、製造業などでの労働災害防止が大きな課題となっていましたが、現在では間接雇用など複雑な就労関係の下での重大災害や、サービス業分野を含めて就業上の慢性的疲労にともなう過労蓄積、ストレスによる精神障害の防止が課題となっています。

　とくに、個人生活や家庭生活を犠牲にした長時間労働が「悪しき慣行」となっており、十分な休息と睡眠をとることができない事例も少なくありません。その結果、1970年代後半から、脳や心臓が機能不全となり、死に至る「過労死」が問題となってきました。さらに最近では、業務過重によって「うつ病」を発症し、「過労自死（自殺）」に至る例が、とくに20歳から30歳代の若い世代に目立っています。

　2015年3月、東大を卒業して日本で最大手の広告会社「電通」に就職した女性社員が、長時間労働のために精神障害を発症し、同年12月に自殺しました。その後、2016年10月に業務過重によるストレスに起因するものと認定されました。同社では、25年前にも男性新入社員が同様な働き方で過労自殺しており、民事裁判で最高裁が会社の責任を全面的に認め、東京高裁で和解に至っています。会社は、和解の時点で「謝罪」の意思を表明し、

改善策を約束したものの、「モーレツ社員」を奨励する「鬼十則」という社訓が「社員手帳」に記載されたままで、「長時間労働」と「サービス残業」が蔓延する職場の実態は大きく変わっていませんでした。

　この事件は、日本の雇用社会では、経営や企業の業績・利益が最優先にされ、労働者を競争に駆り立て、生命や健康、個人の自由や生活が尊重されていない現実が広がっていることを可視化しました。いわゆる「ブラック職場」の現実が明るみになったのです。大学で教育に従事し、多くの学生を雇用社会に送り出す、私たち大学の教職員にも多くのことを考えさせるとともに、反省を促すものでした。

　近年、大学にも民間企業と同様に競争的環境が広がっており、人間らしく働くことが難しい労働環境が広がっています。実際、過労死する教職員を複数出して「ブラック企業大賞」の対象となったり、大学経営を優先して多様な非専任教職員の雇用形態を導入し、不安定で低賃金の労働条件で働かせる大学が増えています。

　大学は、多くの若い学生を社会に送り出す高等教育機関です。卒業した学生たちが、「ブラック職場」で生命や健康を壊す状況に無関心であってはなりません。現役の学生も、高い授業料や生活のために、「ブラックバイト」と呼ばれる劣悪な労働に追われています。

　大学教職員は、学生や卒業生を人として尊重するよう、企業や政府に継続的に問題提起をし、現状改善の努力をする社会的責任を負っています。大学自体が、「ブラック職場」に転落することを防ぎ、人間らしく働ける職場を日本の雇用社会に広げることは、大学教職員とその労働組合が負うべき社会的責任です。

(2) 労働契約上の健康配慮義務

　使用者は、労働契約上、労務の提供に対応して賃金を支払う義務以外に、労働者に対する健康配慮義務を負っています。労働者の健康に配慮することは、使用者による人事権、労務指揮権の行使においても重要です。とくに、労働者に過度な負担がかからないよう人員を配置するなど、適正な業務量の管理が求められます。

本来は、業務量と人事配置についても労働組合などとの合意による集団的な規制が必要です。かつて朝日新聞の職場で、新規印刷機導入にともなって担当人員が減らされたため、労働密度が強度化しました。これに職場の労働者集団が抵抗し、裁判闘争の結果、労働密度変更も、労働条件の変更であることが認められました。合理化規制は、過労死に至ることのない職場環境にとっても極めて重要な課題です。大学の職場でも、大学経営を優先し、配置人員を抑制するような傾向が見られますが、健康配慮義務の観点からも、そのような人員配置は義務違反として規制されるべきです。とくに重要なことは、労働密度は職場の労働者全体にかかわることなので、集団的な合意によって規制することです。

(3) メンタルヘルスの対策という新たな課題

　最近では、慢性的な疲労の蓄積、個人別人事評価制度の広がり、各種ハラスメントなどによって、労働者が孤立化するなか精神的な健康を害する例が増えています。とくに、多くの職場・職種で、ストレスや疲労によって生じる精神障害、「うつ病」の発症が目立っています。

　2015年から「ストレスチェック」が義務化されましたが、労働組合としても働きやすい職場・仕事づくりと、メンタルヘルス対策に積極的に取り組むことが必要です。職場ごとの事情に応じて取り組むべき課題は異なりますが、とくに重要なことは次の点です。

　　（ア）慢性化している過密な長時間労働そのものをなくすことが基本です。過度な長時間労働を規制するには、睡眠や休息を十分にとること、そのためには「インターバル規制」が重要です。また、有給休暇の取得率が低い状況を改善することも必要です。
　　（イ）労働条件の個人化・孤立化が進み、それがストレスとなって「うつ病」を発症する原因となっています。とくに、一人ひとりの労働者を対象とする成果主義や評価制度が普及していますが、労働者のメンタルヘルスを維持するという視点からも極力制限し、その弊害を縮減すべきです。
　　（ウ）メンタルヘルスを壊した労働者については、その治療と業務の軽

減、職場復帰に向けて労働者を支援する労働組合の取り組みの事例が増えています（働くもののいのちと健康を守る全国センター編『ハンドブック 働くもののメンタルヘルス（旬報社、2014年）』）。大学においても、職場の事情に応じた取り組みと制度化を目指すことが求められます。

(4)男女共同参画（ダイバーシティー）の課題

日本では、高度経済成長時代に、男性労働者のみを家族を支える世帯主として位置づける雇用モデル（いわゆる「男性稼ぎ手モデル」）が形成されてきました。そして、女性労働者は103万円（非課税限度）又は130万円の社会保険被扶養者限度までの低賃金に抑える「日本的パートタイム労働」が制度的に生み出されてきました。この制度の背景には、1980年当時の政権与党が主張した「日本的福祉社会論」において、男性による家族賃金と社会保障抑制が強調され、当時北欧等に見られた男女共働き推進と社会保障拡充の動向への厳しい批判もありました。

1970年代、裁判所による相次ぐ差別退職制の無効判決と、国連の「女性差別撤廃条約」採択（1979年）を受けて、男女平等の動きが日本の国内外でも高まる中、財界と政府は消極的に対応し、男女平等要求を歪曲する形で、1985年に「男女雇用機会均等法」が制定されました。

同法は「女性保護規定」を撤廃する「保護抜き平等」論を前面に押し出したものであり、男性優位の働き方を温存し、「女性が平等を言うなら男性並みに長時間働くこと」などを求めたのです。そして、肝心の男女平等規定は、ほとんどが「努力義務」に終始し、国際的に見てもきわめて異様で欺瞞的な平等法でした。他方、労働基準法の女性保護規定（残業・休日労働制限など）は縮減され、その後の改正ですべて撤廃されました。要するに、男女雇用機会均等法は企業側の要望に応えて、「男女平等」要求を逆手に、むしろ長時間・過密労働という働き方を男女ともに拡大する「労働法規制緩和」の出発点となったのです。

1985年当時、家事負担など家庭での男女不平等は大きく変化しておらず、男性並みに長時間労働や深夜労働をすることは一般女性には不可能で

した。そこで既に広がっていたパートタイム労働以外に、フルタイムの非正規雇用である派遣労働（1985年労働者派遣法で合法化）や有期雇用（契約社員）が一挙に広がりました。実際には、女性は男性並みの働き方を求められる「総合職」だけでなく、「一般職」としての正規雇用の道も狭められ、その多くがパートや派遣、有期雇用（契約社員）等の「非正規雇用形態」を選択せざるをえませんでした。

その後、男女雇用機会均等法は、平等関連規定をわずかに「強化」する一方、女性保護規定をいっそう減らす「改正」が相次いで行なわれました（1997年、2006年、2016年）。1999年には「男女共同参画社会基本法」が制定されましたが、その後、社会的には「ジェンダーフリー」への「バックラッシュ（反動）」の動きが強まり、また企業・経営内部でも男女平等は大きくは進みませんでした。

むしろ、男女雇用機会均等法の本質は変わらず、同法施行から30年の間に男女格差はむしろ大きく広がりました。女性は男性と対等になるどころか、雇用は不安定で低賃金の非正規雇用形態で働くことが急増しました。とくに、1999年の労働者派遣法改正で派遣対象業務が一挙に拡大して、女性の非正規雇用化が一般化し、男性にも非正規雇用が広がる契機となりました。

その後、ワークライフ・バランスの見直し論議や、育児休業法改正などが実施されたものの、状況の改善に大きな変化をもたらすことはなく、2015年に制定された「女性活躍推進法」も、女性登用に関する情報公開を企業などに求めるだけで、現実の人材育成策における男女格差を改める実効ある措置の導入はありませんでした。抜本的には、男女雇用機会均等法を大胆に改正し、間接差別を実効的に禁じる必要があります（国連「女子差別撤廃委員会」最終見解2016年３月）。

日本は、約30年間にわたって世界的にも男女差別がきわめて大きな国になっていますが、これを改めるには、国連やILO、OECDが示す世界標準の男女平等の理念や指標を受け止め、労働・社会保障の面でそれらを反映した男女平等を促進する法律や政策の転換を行なうことが急務です。

この点に関しては、労働組合等での議論も活発であったとはいえ、労

働組合も日本が男女平等で大きく立ち遅れている現実を国連の報告書などの学習と教育を行ない、議論を深める必要があります。

　大学の職場では教職員のなかに非正規が多く、その大部分を女性が占めており、正規職と非正規職の雇用区分を維持・拡大しながら、雇用形態の違いを通じて、男女を不平等に処遇する人事政策になっていると言わざるを得ません。大学は、学生を雇用社会に送り出す教育機関であることを踏まえ、自ら率先して男女平等を実現する人事管理を行ない、使用者のモデルとなる役割を果たすべきです。

　労働組合も、男女平等を実現するための長期的な政策を立案し、関連した法律をより具体化する制度を、労働協約などを通じて実現することが必要です。また、長期間、男性が組合役員の大部分を占め、女性がきわめて少ない現実を改めるために、外国や日本の先進例にあるように役職や役員数の一部に女性枠を定めるなどの工夫も求められます。

２．安全衛生・健康破壊と事前予防

(1)労働安全衛生法

　大学の職場にも、労働安全衛生法（以下、「労安法」と略称）が適用されます。労安法は、すべての大学に当然適用されます。この点は国立大学の法人化を契機に再確認されました。そして、国立大学法人だけでなく、理工系の学部や研究所がある私立大学では、安全衛生体制の確立が求められますが、現在、大学の職場で労安法が求める快適職場環境という視点からは、同法が十分に遵守されているとは言いにくい状況があります。

　まず、同法は一定規模の事業場につき、法定の資格や知識・技能を持つ者に安全衛生の管理を委ねており、事業者に①衛生管理者、②衛生推進者、③産業医、④作業主任者、⑤衛生委員会などの選任や設置を義務づけています。安全衛生管理は、形式的には「事業者の自主性による」とされているものの、国家法による一定水準の体制整備が事業者に義務づけられている点は軽視してはなりません。

　なお、私立大学の中には単純に労働法の知識が乏しいだけでなく、「大

学の自治」を口実に労基法や労安法に基づく監督を「国家権力の介入」とする「誤った自治意識」が見られる場合もあります。

　労働安全衛生体制についても、ラインから外れている保健体育担当教員などが無試験で資格者となれることから形式だけ「衛生管理者」等に充てている例が少なくありません。しかし、労安法の本来の趣旨は、人事管理を担当する事務職員（いわゆるライン）の上級者が、衛生管理者、安全管理者等の国家試験に合格できる人物であることを重視しています。部長・課長以上の管理職は、残業管理や安全管理については労基法や労安法上の使用者になることもあります。労働法違反の労務管理がされないように、管理職は、衛生管理者等の国家試験に合格した人物に限るとする原則を確立する必要があります。また、大学における教職員を対象とする安全衛生を、学生対象の学校保健と区別して、大学に独自の学習・研修を行なわせることも必要です。

　次に、労安法は事業場や職場を単位として労働者全体に適用されます。近年、大学においても派遣労働や事業内下請の形式での間接雇用が広がっていますが、労働者派遣法は労働時間や安全衛生関連の法令は、派遣先事業主が派遣労働者に対する使用者責任を負うとされています。事業場内下請についても、重大事故が頻発していることから、厚生労働省は2007年になって現状把握のため、派遣会社や派遣先企業団体に労災を報告する際、被害者が派遣労働者かどうかの明記を徹底するよう通知しました。

　労働組合は、大学内で働くすべての派遣・下請労働者も代表して、その安全衛生確保に取り組むことが求められます。また安全衛生は、事業者にまかせて実現するものではなく労使の共同が必要です。労安法が設置を定める安全委員会と衛生委員会についても、労働組合として積極的かつ持続的に対応することが求められます。とくに、1年ごとの組合役員改選に委ねて無方針のまま役員を選ぶときには、知識や経験が継承されません。安全衛生関連の知識を継続的に蓄積するために、労働組合も長期的課題と位置づけて、組織的に関連の専門部を発足するか、知識を蓄積する役員・組合員を意識的に養成する計画的な取り組みが必要です。

(2)大学職場と安全・予防の重視

　大学は学部、研究所、図書館、事務など多様な部門に分かれており、決して安全な労働環境とは言えません。理工系では、物理的、化学的、生物学的な有害・危険環境や、放射性物質、病原性の危険要因も少なくなく、また学内外でのフィールド・ワークやスポーツなど、正規授業や課外活動での事故も多く、最近では国外での死亡事故や重大事件も発生しています。そのため、大学としては教員や学生まかせにするのではなく、組合とも協力し実態を調査するなどの取り組みが求められます。

　また、大学をめぐる環境の変化にともない、教職員や事務職員が慢性的に長時間の過密業務に追われて、業務過重による過労死やメンタルヘルス不全をきたす事例も現れています。さらに、大学では上司と部下、指導教授と助手、大学院生との間で生じるセクシュアル・ハラスメントやパワー・ハラスメント事例が少なくなく、うつ病や自殺という痛ましい事例も起こっています。こうした状況の中で、大学における教職員の心身双方における安全・健康の維持、災害、ハラスメント等の予防は喫緊の課題となっています。

3．労働災害補償制度について

(1)労働災害補償（労災保険）

　私立大学で働く教職員は、民間企業で働く労働者と同様に労働基準法と労働者災害補償保険法（以下「労災保険法」）に基づいて労災補償を受けることができます。また、自宅と職場間との往復の途上の災害などについては、労災保険法による特別の救済制度が設けられています。

　この保険料は、事業主（学校法人）が全額負担し、労働者を1人でも雇用する事業者は加入が強制され、専任教職員のみならずアルバイト・パート、嘱託、契約など有期雇用の教職員も区別なしに適用対象となります。

(2)業務災害、通勤災害に関する労災保険給付の概要（一覧表）

労災保険給付等一覧

保険給付の種類		こういうときは	保険給付の内容	特別支給金の内容
療養（補償）給付		業務災害または通勤災害による傷病により療養するとき（労災病院や労災指定医療機関等で療養を受けるとき）	必要な療養の給付※	
		業務災害または通勤災害による傷病により療養するとき（労災病院や労災指定医療機関等以外で療養を受けるとき）	必要な療養の費用の支給※	
休業（補償）給付		業務災害または通勤災害による傷病の療養のため労働することができず、賃金を受けられないとき	休業4日目から、休業1日につき給付基礎日額の60％相当額	（休業特別支給金） 休業4日目から、休業1日につき給付基礎日額の20％相当額
障害（補償）給付	障害（補償）年金	業務災害または通勤災害による傷病が治癒（症状固定）した後に障害等級第1級から第7級までに該当する障害が残ったとき	障害の程度に応じ、給付基礎日額の313日分から131日分の年金 第1級 313日分　第6級 156日分 第2級 277日分　第7級 131日分 第3級 245日分 第4級 213日分 第5級 184日分	（障害特別支給金） 障害の程度に応じ、342万円から159万円までの一時金 （障害特別年金） 障害の程度に応じ、算定基礎日額の313日分から131日分の年金
	障害（補償）一時金	業務災害または通勤災害による傷病が治癒（症状固定）した後に障害等級第8級から第14級までに該当する障害が残ったとき	障害の程度に応じ、給付基礎日額の503日分から56日分の一時金 第8級 503日分　第13級 101日分 第9級 391日分　第14級 56日分 第10級 302日分 第11級 223日分 第12級 156日分	（障害特別支給金） 障害の程度に応じ、65万円から8万円までの一時金 （障害特別一時金） 障害の程度に応じ、算定基礎日額の503日分から56日分の一時金
遺族（補償）給付	遺族（補償）年金	業務災害または通勤災害により死亡したとき	遺族の数等に応じ、給付基礎日額の245日分から153日分の年金 1人　153日分 2人　201日分 3人　223日分 4人以上　245日分	（遺族特別支給金） 遺族の数にかかわらず、一律300万円 （遺族特別年金） 遺族の数等に応じ、算定基礎日額の245日分から153日分の年金
	遺族（補償）一時金	(1) 遺族（補償）年金を受け得る遺族がないとき (2) 遺族（補償）年金を受けている人が失権し、かつ、他に遺族（補償）年金を受け得る人がない場合であって、すでに支給された年金の合計額が給付基礎日額の1000日分に満たないとき	給付基礎日額の1000日分の一時金（(2)の場合は、すでに支給した年金の合計額を差し引いた額）	（遺族特別支給金） 遺族の数にかかわらず、一律300万円（(1)の場合のみ） （遺族特別一時金） 算定基礎日額の1000日分の一時金（(2)の場合は、すでに支給した特別年金の合計額を差し引いた額）
葬祭料 葬祭給付		業務災害または通勤災害により死亡した人の葬祭を行うとき	315,000円に給付基礎日額の30日分を加えた額（その額が給付基礎日額の60日分に満たない場合は、給付基礎日額の60日分）	

※療養のため通院したときは、通院費が支給される場合があります。

第２章　人間らしい働き方の実現に向けて

※厚労省ホームページの労災保険給付等一覧表を転載。

保険給付の種類	こういうときは	保険給付の内容	特別支給金の内容
傷病（補償）年金	業務災害または通勤災害による傷病が療養開始後１年６か月を経過した日または同日後において次の各号のいずれにも該当するとき (1) 傷病が治癒（症状固定）していないこと (2) 傷病による障害の程度が傷病等級に該当すること	障害の程度に応じ、給付基礎日額の313日分から245日分の年金 第１級　313日分 第２級　277日分 第３級　245日分	（傷病特別支給金） 障害の程度により114万円から100万円までの一時金 （傷病特別年金） 障害の程度により算定基礎日額の313日分から245日分の年金
介護（補償）給付	障害（補償）年金または傷病（補償）年金受給者のうち第１級の者または第２級の精神・神経の障害および胸腹部臓器の障害の者であって、現に介護を受けているとき	常時介護の場合は、介護の費用として支出した額（ただし、104,950円[105,130円]を上限とする）。 親族等により介護を受けており介護費用を支出していない場合、または支出した額が57,030円[57,110円]を下回る場合は57,030円[57,110円]。 随時介護の場合は、介護の費用として支出した額（ただし、52,480円[52,570円]を上限とする）。 親族等により介護を受けており介護費用を支出していない場合または支出した額が28,520円[28,560円]を下回る場合は28,520円[28,560円]。	
二次健康診断等給付 ※船員法の適用を受ける船員については対象外	事業主が行った直近の定期健康診断等（一次健康診断）において、次の(1)(2)のいずれにも該当するとき (1) 血圧検査、血中脂質検査、血糖検査、腹囲またはＢＭＩ（肥満度）の測定のすべての検査において異常の所見があると診断されていること (2) 脳血管疾患または心臓疾患の症状を有していないと認められること	二次健康診断および特定保健指導の給付 (1) 二次健康診断 　脳血管および心臓の状態を把握するために必要な、以下の検査 ① 空腹時血中脂質検査 ② 空腹時血糖値検査 ③ ヘモグロビンA1c検査 　（一次健康診断で行った場合には行わない） ④ 負荷心電図検査または心エコー検査 ⑤ 頸部エコー検査 ⑥ 微量アルブミン尿検査 　（一次健康診断において尿蛋白検査の所見が疑陽性（±）または弱陽性（＋）である者に限り行う） (2) 特定保健指導 　脳・心臓疾患の発生の予防を図るため、医師等により行われる栄養指導、運動指導、生活指導	

注）表中の金額等は、平成29年３月１日現在のものです。[　]の額は平成29年４月１日改正予定額です。
　このほか、社会復帰促進等事業として、アフターケア・義肢等補装具の費用の支給、外科後処置、労災就学等援護費、休業補償特別援護金等の支援制度があります。詳しくは、労働基準監督署にお問い合わせください。

4．健康・安全をめぐる労働組合の役割

(1)職場環境を守る組合の役割

　労働条件の改善・向上は、労働組合と使用者間の集団的労使自治に任せることが労働法では基本とされています。職場や事業場における労働環境の安全衛生に関する問題は、所属するすべての労働者に関連することであり、労働組合がその解決に積極的な役割を果たすことが求められます。

　労安法は、事務系も含むすべての事業場を対象としており、働くすべての人が安全かつ健康に働き続けることを重視しています。大学の職場は、理系だけでなく、文系でも学外・国外でのフィールドワーク等の教育・研究の機会が増えており、危険で有害な環境が少なくありません。

　実際に、学生や教職員が死亡・負傷する重大事故も発生しており、国立大学では2004年4月からの法人化移行を契機に、関連労働法の適用見直しが行なわれ、労安法についても大学当局自ら安全衛生管理体制の整備に動いています。

　こうした動きと比較して見ると、私立大学ではそのような機会がなかったため、依然として安全衛生問題についての関心が弱い状況にあります。例えば、野外フィールドワークが安全に行われるために、東京大学では「野外活動における安全衛生・事故防止指針」という冊子が版を重ねて発行されており、大学全体としての責任体制の明確化とともに、教職員・大学院生、学生への周知などを徹底しようとしています。多くの国公立大学がそれに学んだ同様の対応を進めていますが、私立大学ではそうした国立大学法人の先例に学ぶ動きが鈍いと言わざるをえません。

　私立大学では労働組合が率先して、国立大学法人の動向にも学びながら、大学が安全かつ健康な職場環境となるように先頭に立つ必要があります。安全衛生の問題は、関連法制など安全衛生に関する専門知識や経験が必要とされるので、化学産業などの労働組合では専門部・専門委員会を置いて、活動の継承・継続を重視しているところが多く、活動の水準を持続的に維持するためにも、そのような配慮が必要です。

(2)安全衛生管理体制への参加

　労安法では、事業者に対して職場毎に労働安全衛生体制の確立を求めています。業種や労働者数に対応して、国家資格を有する「衛生管理者」や「安全管理者」を置くとともに、「衛生委員会」「安全委員会」の設置を義務づけています。大学の場合も同様であり、委員会の構成として特定役職者以外の委員の半数は、労働組合（又は労働者過半数代表）の推薦による者を選ぶ必要があります。

　また、労働安全衛生に関連して、事業主（使用者）は民事的にも安全・健康配慮義務を負っています。この使用者の義務とは、労働契約を直接に締結して雇用関係にある従業員に対してだけでなく、事業場に所属し、就労するすべての労働者を対象にした義務・責任と考えられます。とくに、「間接雇用」形態である派遣労働者や事業場内下請の関係で、事業場内で事業主の支配の下で就労する別会社（協力会社）の従業員についても、事業主（使用者）は労働安全衛生の責任を負っていると考えられます。

　注意する必要があるのは、間接雇用の中でも①労働者派遣法に基づく適法な労働者派遣の場合、同法の明文で労働安全衛生については派遣先事業主に主要な法的責任が課されていますが、②事業場内下請の場合、実体のある真正の請負であれば、下請事業主が下請労働者に対する安全衛生の責任を負うのが原則となっています。ただし、③実体のある請負であっても、建築などでの重層請負の場合、元方請負人が重層下請についての安全衛生と労災補償の責任を連帯して負担する必要があることについては注意しなければなりません。とくに厄介なことは、事業内下請の形式による脱法目的の「偽装請負」が少なくないことです。この場合、①、②、③のいずれにも該当しないので、注文主の事業主責任が問われると考えられます。

　近年、こうした複雑で多様な関係において重大事故が頻発していることから、厚生労働省は2006年に「製造業における元方事業者による総合的な安全衛生管理のための指針」を示しています。この指針は受け入れ企業が主導して労働安全衛生に関する情報交換を行ない、労災防止に努めることがその中心的な内容ですが、大学職場でも同様な配慮が必要と考えられま

す。

(3)職場の労働者全体を代表

　前述したとおり、安全衛生は事業場に属するすべての労働者に関連する問題です。そのため、労働組合は運動論的な観点だけでなく、法的にもすべての労働者を代表する必要があります。過半数労働組合は、安全衛生委員会に委員を選出することができますが、委員会では組合員だけでなく、事業場に所属するすべての労働者を代表して労働安全に関する意見を述べる必要があります。この場合、正規雇用の労働者だけでなく、非正規雇用形態の就労者も含めた労働者を代表する義務があります。それは、弱い立場にある労働者が安全衛生の怠慢によって被害を受けやすいからです。

　とくに、労安法では安全管理者や衛生管理者とともに、安全・衛生委員会を構成する労働者数に派遣労働者を含めることを求めています。時間外労働に関する「36協定」の締結とは異なり、派遣先事業場の過半数代表には労働者派遣法に基づく派遣労働者を含める必要があるからです。

　労働安全衛生の問題は、賃金などの労働条件改善とは違って、専門知識や経験の蓄積が必要となるので、熱意のある人を中心に専門部を組織し、職場の定期点検や全労働者を対象にしたアンケートを適切に実施するなど、職場の状況を科学的に把握して、事業主の怠慢を許さない取り組みが必要になります。

新版「大学教職員のための権利ハンドブック」出版に寄せて

1996年度京滋私大教連執行委員長
碓　井　敏　正

　早いもので、1997年に「大学教職員のための権利ハンドブック」を出してから20年が経過した。当時、私が京滋私大教連の執行委員長を務めていたのであるが、この時代には非常勤講師組合や京都ノートルダム女子大学教職員組合の私大教連加盟など、思い出に残る出来事が多くあった。ハンドブック作成も記憶に残る仕事の一つである。

　旧版に私が書いた「刊行にあたって」を読むと、そこには「大学は冬の時代を迎えているわけであるが、多くの大学は、不安定雇用を導入、拡大することによって、このような状況を乗り切ろうとしている」とある。

　その後、非正規雇用は日本社会に一般化し、大学でも任期付き雇用という形で、若手を中心に教授会メンバーにも拡大しつつある。また学校教育法の改定（2014年）により教授会の自治は制限され、経営者支配が強まりつつある。

　そのような状況下で、多くの権利侵害事件が起きているのが現状である。私自身、現役を退いてからも大学ユニオンの副委員長（2016年まで）として、また個人として権利侵害を受けた各地の大学関係者の側に立って裁判闘争を支援し、大学との団体交渉などにもあたってきた。

　具体的には、追手門学院大学の前学長に対する職場復帰（所属学部への）の妨害、その後の被告理事会側の敗訴を受けての氏に対する解雇処分や、常葉学園大学における補助金の不正受給告発を行った准教授に対する解雇事件などであるが、その中で、現在の大学の経営者支配の実態をつぶさに知ることとなった。

　しかし、このようなやり方を司法が許すわけではない。二つの裁判では、原告側が現状ではいずれも勝利している。これらの例ほどひどくはないにしても、大学の設置変更や能力主義その他の理由で、解雇や権利侵害が各

地で行われている。

　私は、かねてから大学は洗練された経営の論理を欠いているため、質の悪い経営者が現れやすい世界であると言ってきたが、厳しい環境に乗じてその傾向がさらに強まっているようである。大学の経営が重要であり、各種の改革が求められていることは否定しないが、その場合でも守るべきミニマムがある。その第一は、構成員の人権である。私はこの間、規範哲学（人権概念や正義）を専門としてきたが、加えて近年、経営組織論を研究する中で強く思うのは、人権が重視されるべきは当事者のためだけでなく、持続可能な組織を作り、また組織が活性化するための不可欠の条件であるという事実である。

　組織の置かれた環境が厳しくなれば、出来の良くないトップは権力を強化し、構成員の人権を犠牲にして、局面を乗り切ろうとするが、その先に待っているのは組織の崩壊である。持続可能な組織づくりのためには、構成員のモチベーションを高めること、そしてその前提として権利を尊重することの重要性を、日本の経営者は学んできた。大学が将来の良き市民を育てる場であることを考えるならば、大学内の人権侵害事件の増大は、日本の将来に大きな影を落とすことになるであろう。

　経営者は大学の社会的役割を自覚し、責任感をもって大学経営に当たるべきこと、また権利侵害を受けたものは泣き寝入りせず、団結して自らの権利を守るべきこと、そのことが良識の府としての大学を取り戻すことであることを強調しておきたい。新版の権利ハンドブックが、そのために役立つことを期待する次第である。

非専任「教職員」の権利

第3章

1．雇用形態をめぐる基本原則

(1)典型雇用（標準的労働関係）

　労働法や労働政策は、「標準的労働関係」として「典型雇用」を前提にしています。すなわち、①期間を定めない労働契約（長期・常用雇用）で、②短時間でないフルタイム就労（フルタイム雇用）、かつ③就労先事業主との間の労働契約で働く（直接雇用）ことを基本としてきました。ドイツでは、これを「標準的労働関係」と呼び、同様にEU諸国では、一般的にこれらを「典型雇用（typical employment）」と呼んで、そこから逸脱する「非典型雇用（atypical employment）」と区別しています。

　各国では、第二次世界大戦後に労働組合運動が高揚する中で、労働協約や法律によって使用者の専権事項とされていた解雇に対する制限が拡大し、「典型雇用」を標準とする労使関係が確立することになりました。とくに、EU諸国では企業を横断した産業別労働組合が使用者団体と締結する全国労働協約による労働条件規制が普及し、仕事別（職種別）の賃金率など、同一労働同一賃金の原則が実質化していきました。

　しかし、1980年代以降、英国のサッチャー首相等が主導する新自由主義的政策によって、労働運動への抑圧の動向が強まる中、各国で労働法が大きく後退し、「非典型雇用」としての①期間を定めた雇用（有期雇用）、②パートタイム労働、③派遣労働が徐々に拡大していったのです。

　ILO（国際労働機関）も、戦後初期には「非典型雇用」について目立った対応はしていなかったものの、1951年の100号条約で同一労働同一賃金の原則を明記し、1984年に採択されたパートタイム労働条約で、パートタイム労働者についても同一労働同一賃金の原則を再確認しています。

　また、EUはパートタイム労働指令（1997／81／EC）、有期労働契約指令（1999／70／EC）、派遣労働指令（2008／104／EC）で、それぞれ「比較可能なフルタイム労働者」や「常用労働者」、「派遣先に直接雇用された場合」より不利益に取り扱われてはならないとしています。非典型雇用そのものは禁止していませんが、「非差別（non discrimination）原則」を明

記して、各国に関連法令の制定・適用を求めました。

(2)日本的雇用慣行の問題点と非正規雇用

　日本では、EU諸国と異なり非典型雇用に関する「非差別原則」が明確にされないまま、パートタイム労働、有期雇用、派遣労働などが非正規雇用として広がりました。これらの雇用形態と正規雇用との間の差別的な労働条件を維持したまま拡大してきたのが日本の特徴です。

　高度経済成長の中で形成された日本的雇用（正社員雇用）慣行は、企業別の労働条件格差を前提にするとともに、男性を世帯の主な稼ぎ手とする男女役割分業的雇用をモデルとしてきました。さらに、①1980年の厚生省内翰（4分の3の労働時間であれば社会保険適用除外）や、②1985年の公的年金制度改革にともなう「国民年金第3号被保険者」制度の創設などによって、家計補助者として一定の「制度的優遇」を受ける代わりに、年収約100万円程度の低賃金で就労させる「日本型パートタイム労働」を公的に容認してきました。

　この「日本型パートタイム労働者」の賃金は、労働法における世界標準の同一労働同一賃金原則に反する差別的労働条件というしかありません。その後、このパート賃金（時給）が、最低賃金を算定する基準になったため、最低賃金が最低生活費（生活保護基準）を下回り、男女ともに「働く貧困（working poor）」と呼ばれる低賃金労働者が増大する原因の一つとなってきたのです。

　また、1985年制定の労働者派遣法は、従来違法として禁止されていた偽装請負形式の「間接雇用」を例外的に適法化するという建前でしたが、企業別に労働条件の格差が大きい日本では、そうでないEU諸国と違って派遣労働は大きな弊害をもたらすことが危惧されていました。

　1985年の制定法はEU諸国の派遣法とは違って、均等待遇（非差別）規制を導入しなかったため、派遣労働者は派遣先の正社員と同一労働であっても、差別的な低賃金で就労することが一般的でした。

　その結果、派遣先が正社員の代替として派遣労働を利用する実態が広がり、1999年、2004年と2015年に労働者派遣法の大幅な「改正」が行われる

中で、派遣労働が不安定・低賃金雇用として正社員に代替する道を大きく広げることになったのです。

(3)組合の消極的対応と非正規雇用拡大

1980年以降、こうした弊害をともなう日本型非正規雇用が広がることになりましたが、日本の労働組合は、これを抑止するために有効な対応をすることができませんでした。

日本の労働組合の多くは、①企業別組織であり、②正社員（正規労働者）のみを組織対象とし、③男性が組合員や組合役員の中心となっていた等の理由のために、非正規雇用のもたらす弊害への認識に弱さがありました。

派遣労働者や事業内下請労働者は、同じ職場で働いていても受入企業（派遣先）とは別企業所属ということで、組織化の対象とされていませんでした。また、当初非正規雇用は女性中心でしたが、結婚・出産による女性の差別退職慣行や、家計補助的な女性の差別的パートタイム労働・有期雇用には問題があるという意識が男性中心の労働組合には弱く、1980年代以降の日本の雇用社会における非正規雇用労働者の増加（正社員の減少）は、経営者や政府がその推進者であったものの、目立った抵抗をしなかったという意味では、労働組合にも責任があると言わざるをえません。

２．多様な非専任雇用と法律問題

(1)有期雇用（フルタイム）

多様な非正規雇用形態に共通するのは、それらが「期間の定めのある労働契約」にもとづく「有期雇用」という点です。その特徴は、期間を定めない労働契約による正規雇用が解雇制限法理によって合理的な理由のない解雇が濫用的で無効とされるのとは違って、契約期間の満了によって理由に関係なく、労働契約が終了すること（雇い止め）です。この「雇い止め」による容易な契約終了が容認されることが、有期雇用の雇用不安定をもたらす大きな理由となっています。

労働契約法では、解雇に関して合理的理由と社会的相当性がなければ権

利濫用で無効であると規定しています（16条）。これは、従来の判例法理を立法で確認したものです。そして、同法制定以前に「雇い止め」について、最高裁は有期契約を反復更新している場合、同契約が「実質的にみて期間の定めのない契約と異ならない状態」になっているときには解雇法理を類推適用し、「雇い止め」には特段の理由が必要であるとしています（東芝柳町工場事件・最一小判昭和49.7.22）。また、「雇用関係の継続が合理的に期待される状態」にある場合も、解雇法理を適用しています（日立メディコ事件・最一小判昭和61.12.4）。そして、2012年8月に施行された改正労働契約法19条は、これら二つの判例の趣旨を立法化したものです。

　すなわち、短期契約更新を反復していて、突然、使用者が更新拒否（雇い止め）する場合、①反復更新された有期契約の雇い止めが、社会通念上、解雇と同視できるとき（1号）、また②期間満了時に契約更新を労働者が期待することに合理的な理由があるとき（2号）、更新拒絶は客観的に合理的な理由を欠き、社会通念上相当であると認められず、使用者が従前の契約内容と同一の労働条件での契約更新申込みを承諾したものとみなすと規定しています。つまり、労働契約法19条によれば、有期労働契約の場合、反復更新の実態や更新への労働者の期待に合理性があるときには、正規労働者を解雇する場合と同様の理由がなければ、更新拒否（「雇い止め」）は無効であると考えられます。

　さらに、労働契約法18条では、同一の使用者と有期労働者の契約が反復されて通算した契約期間が5年を超えるとき、労働者が現に締結している契約の期間満了日までに、期間の定めのない労働契約の締結の申込みをしたときは、使用者は契約期間以外の労働条件が同一内容での契約申込みを承諾したものとみなすと規定しています。いわゆる有期労働者の「有期雇用から無期雇用への転換権」を認めたものです。同法では、契約期間の通算は2013年4月1日以降に締結された有期労働契約から始まるとされていますが、労働協約や就業規則でそれ以前に締結した有期契約についても無期雇用への転換を定めるなど、有利に遡及することは可能です。

　ただし、同法では「クーリング期間（空白期間）」を規定しており、①契約期間1年以上の場合、原則として6ヵ月以上のクーリング期間で、契

約期間の通算が解消され、②1年未満の契約の場合、契約期間の半分、③1ヵ月に満たない契約の場合、30日間のクーリング期間を定めています（18条2項）。

国立大学や私立大学の多くが、有期契約の上限を5年以内とする方向で動いています。早稲田大学は2013年に1年契約を反復してきた多数の非常勤講師について、4年半の時点で半年間のクーリング期間を置く趣旨の就業規則変更を強行し、労働者過半数代表の意見聴取の手続きに反したこと等で社会的に強い批判を受ける事態も起こっています。

このような動向は、有期契約労働者の雇用安定を求める改正労働契約法の趣旨に反するものですが、徳島大学では教職員組合と大学当局との協議で、2013年4月1日から教員系を除く有期雇用職員の契約更新回数の上限を撤廃し、すでに無期雇用に移行していた看護師を除く約1000人の有期雇用職員を無期雇用化する決定を行なう動きも見られます。

なお、労働契約法18条の例外として、通算契約期間が5年を超えて無期転換するのではなく、10年に延長する特例措置（①「研究開発システムの改革の推進等による研究開発能力の強化及び研究開発等の効率的推進等に関する法律及び大学の教員等の任期に関する法律の一部を改正する法律」2013年法律第99号、2014年4月1日施行、②「専門的知識等を有する有期雇用労働者等に関する特別措置法」2014年法律第137号、2015年4月1日施行）が設けられています。

(2) パートタイム雇用（短時間労働）

前述したとおり、1970年代頃から、女性や若年者が被扶養の範囲内の家計補助的賃金で働く「日本型パートタイム労働」が増大してきました。当初、労働省（当時）内にはパートタイム労働が同一労働同一賃金の原則に反するとして消極論も見られましたが、1980年から85年にかけて、自民党の日本的福祉社会論や中曽根内閣の行政再編政策の中で、女性差別的非正規雇用として世界に例のない「日本型パートタイム労働」を法制度的に追認してきたのです。

その一方、ILO（国際労働機関）は「非典型雇用」のパートタイム労働

の無秩序な拡大を抑制する目的で、1994年パートタイム労働条約（第175号）を採択しました。同条約は、パート労働者についても「均等待遇」保障を求めるとともに、同条約5条では「パートタイム労働者が、パートタイムで働いているという理由のみによって、時間、生産量又は出来高に比例して計算される基本賃金であって、同一の方法により計算される比較可能なフルタイム労働者の基本賃金よりも低いものを受領することがないことを確保するため、国内法及び国内慣行に適合する措置をとる」と規定しています。

ところが、日本は「均等待遇」保障を定めないまま、「短時間労働者の雇用管理の改善等に関する法律」（いわゆる「パートタイム労働法」1993年6月18日法律第76号）を制定しました。これは、条約採択前年にその核心内容である「均等待遇」回避を目的にしたものです（2017年現在、日本は同条約を未批准）。その結果、「パートタイム労働法」はILO条約やEU指令などが「非差別」を原則とするのとは対照的に、日本型パートタイム労働の極端な低賃金をはじめとする異常な差別処遇について有効な改善措置をほとんど含まないまま、現状の差別雇用を追認するだけの「名ばかりの法規制」となっています。

短時間労働者（パート労働者）とは、「1週間の所定労働時間が同一の事業所に雇用される通常の労働者の1週間の所定労働時間に比し短い労働者」（2条）とされ、通常の労働者（正社員）に比べて1時間でも短い労働時間の労働者は同法の適用を受けることになります。アルバイト等の呼称であっても、この定義に該当すれば短時間労働者として同法の適用を受けます。パートタイム労働法の主な内容は次の通りです。

ア）書面による労働条件明示

使用者は、労働基準法により、①労働契約の期間、②就業場所・業務内容、③始業・終業時刻、休憩、休日、残業の有無、交替制に関する事項、④賃金の決定、計算・支払方法、締切日、支払時期、⑤退職に関する事項（解雇の事由を含む）を書面で明示する義務を負います（15条1項、労基則5条2項、3項）。パートタイム労働法は、さらに、⑥昇給の有無、⑦退職手当の有無、⑧賞与の有無、⑨雇用管理についての相談

41

窓口について明示する書面の交付を義務づけています（6条、同規則2条）。

イ）就業規則の作成手続

　事業主は、短時間労働者に係る事項について就業規則を作成し、変更するときは、当該事業所の短時間労働者の過半数を代表すると認められる者の意見を聴取する努力義務を負います（7条）。

ウ）不合理な待遇差別の禁止

　使用者が、短時間労働者と正社員の待遇を相違させる場合、待遇の相違は職務内容（業務の内容、業務に伴う責任の程度）、その他の事情を考慮して、不合理と認められるものであってはなりません（8条）。この不合理な待遇差別の禁止は、後述の労働契約法20条の有期雇用についての不合理な労働条件の禁止と同様ですが、EU指針等と比較して規制内容や実効性がきわめて不十分です。

エ）通常の労働者と同視すべき短時間労働者の差別待遇禁止

　EU指針とは違って「非差別原則」が脱落していることへの批判を受けて、2007年改正のパートタイム労働法で、ようやく待遇差別禁止規定（8条、9条）が導入（2008年4月1日施行）されたものの、その対象者は厳しく限定されました。その結果、①通常の労働者と同視すべき短時間労働者（「業務の内容及び責任」が同じで、「期間の定めのない労働契約」（更新を重ねて事実上期間の定めがない場合を含む）を締結していて、かつ「職務の内容及配置の変更の範囲」が全雇用期間を通じて同じ短時間労働者、②「業務の内容及び責任」が同じで、「職務の内容及配置の変更の範囲」が「雇用の一定期間」同じと見込まれる短時間労働者、③「業務の内容及び責任」が同じ短時間労働者、④「業務の内容及び責任」も異なる短時間労働者、という4種類に分かれることになりました。このうち、待遇差別禁止対象は①のみで、短時間労働者全体の0.1％しか対象とならず、きわめて少数であることが批判されています。なお、②、③、④のグループは①とは異なり、賃金、教育訓練、福利厚生のそれぞれについて、事業主に(a)実施義務・配慮義務、(b)同一の方法で決定する努力義務、(c)職務の内容、成果、意欲、能力、経験等を

勘案する努力義務が課されるという非常に複雑で分かりにくい規則になっています。2014年の法改正で、①の「期間の定めのない労働契約」という条件は廃止されました。

オ）均衡を考慮した賃金

　使用者は、短時間働者の賃金については「職務の内容、職務の成果、意欲、能力又は経験等」を勘案し、通常の労働者との「均衡を考慮して」決定するよう努めなければなりません（10条）。これはエ）の①以外の、②③④のすべての短時間労働者について同様です。

カ）均衡を考慮した教育訓練

　使用者は、短時間労働者に教育訓練を実施するときは、職務の内容、職務の成果、意欲及び経験等に応じて、通常の労働者との均衡を考慮して実施するよう努めなければなりません（11条2項）。ただし、エ）の②の短時間労働者については、通常の労働者に対して行なう職務の遂行に必要な教育訓練を実施しなければなりません（11条1項）。

キ）福利厚生施設利用への配慮

　通常の労働者に対して、健康の保持又は業務の円滑な遂行のために利用の機会を与える福利厚生施設（食堂、更衣室、休憩室）については、短時間労働者②③④にも利用機会を与えるよう配慮しなければなりません（12条）。

ク）通常の労働者への転換

　使用者は、通常の労働者への転換を推進するため、短時間労働者に対して①通常の労働者を「募集」時に、募集情報を周知すること、②当該事業所で通常の労働者の「配置」を新たに行なう場合は、応募の機会を与えること、③一定の資格を持つ短時間労働者を対象に、通常の労働者への転換を推進するために「試験制度」等を設けること等、いずれかの措置を取らなければなりません（13条）。

ケ）短時間労働者への説明

　短時間労働者を雇い入れた時は、短時間労働者について実施する雇用管理の改善措置（賃金、教育訓練、福利厚生、正社員転換など）の内容を使用者が説明しなければなりません（14条1項）。また、使用者は短

時間労働者から求めがあった時は、その待遇決定につき「考慮した事項」について説明する義務を負います（14条2項）。その後、2014年の法改正で短時間労働者からの相談に応じ、適切に対応するために必要な体制の整備が使用者に義務づけられました（16条）。

(3) 間接雇用、労働者派遣

近年、大学内で就労していても大学以外の別法人（使用者）との間で労働契約を結ぶ労働者が増えています（いわゆる「間接雇用」）。この場合、大学は別法人と業務委託や請負契約を結んでいると考えられますが、委託業者に独立性、専門性があり、実体のある請負・委託の場合であることが必要です。

もし、業者に実体がなく「名ばかり雇用主」である時は、実質的には大学が労働者を使用していると考えられます。さらに、職業安定法施行規則の要件を満たさない時には、「偽装請負」として同法44条に違反することになります。

その要件とは、委託業者が、①作業完成に財政上・法律上の全ての事業主責任を負うこと、②労働者を指揮監督すること、③労働者に対し労働・社会保険法上の使用者のすべての義務を負うこと、④自ら提供する機械・設備・器材もしくは必要な材料・資材を使用すること、または専門的な技術・経験を必要とする作業を行なうことの4つです（同施行規則4条）。

間接雇用の禁止規制は、経営側の主張に沿って大きく緩和されてきました。1985年に制定された「労働者派遣法」が、労働者派遣を対象業務の限定など一定要件の下で例外として適法化された後、約30年の間に相次ぐ改正が行われました。当初、派遣業務は「専門業務」とされてきましたが、その範囲は次々と拡大され、1999年の法改正で対象業務の限定は原則なくなりました。

同時に、新たに派遣対象化された業務には受入期間の上限（当初は1年。2003年改正で3年に延長）が定められました。2012年の法改正では、過度な規制緩和が一部改められたものの、2015年の法改正では再び大きな規制緩和が行われ、受入期間の上限が事実上なくなり、業務の区別なく長期に

派遣労働者を受け入れることが可能となりました。

　しかし、適法な労働者派遣であっても、派遣労働は労働者にとって多くの弊害をともなう非正規雇用形態です。雇用の継続という点から見て、きわめて不安定な雇用形態です。とくに、派遣労働は三面関係の就労であり、派遣元には雇用主の実体がないことが多く、実際の就労先である派遣先の雇用責任も不明確です。派遣先が派遣元との労働者派遣契約を打ち切れば、派遣元での雇用継続や別派遣先が紹介される可能性もきわめて低く、派遣先職場で働く正社員と同一または類似の労働をしていても、そのほとんどが劣悪な労働条件に置かれています。法的には、派遣労働者のための特別な保護はなく、派遣元と派遣先に労働基準法などの使用者責任を水平的に配分するに過ぎません。

　派遣労働について、派遣先職場の労働組合が果たすべき役割は小さくありません。労働組合が、雇用の安定を守り、差別的で人権侵害的な劣悪労働を許さないために、派遣労働者の問題に積極的に取り組む必要があります。そのためには、労働組合が派遣労働者を組合員として組織化することが有効になります。少なくとも、派遣労働が導入された場合、雇用・労働条件の改善を自らの課題として取り組むことが重要になります。とくに、派遣労働の導入・拡大を使用者側の自由裁量に委ねるのではなく、その要件を厳格にして導入を規制するとともに、できれば労働組合の同意や協議を義務づける協約の締結を行なうことが必要です。

　労働者派遣法では、派遣労働の導入から３年後、派遣先に過半数組合または労働者過半数代表の意見を聞く義務が2015年の法改正で導入されました。また安全衛生体制において、派遣先の事業主は派遣労働者も対象とする必要があり、労働組合にも安全衛生面で派遣労働者を代表することが法的にも求められています。

⑷個人請負・業務委託、準委任

　この間、労働法や社会保険法上の使用者責任を回避するために、「個人請負」や「準委任」という契約形式で就労する事例が増えています。実態は労働者と変わらないにも関わらず、「個人請負」や「準委任」の契約形

式にする例が大学でも増加しています。とくに、国立大学法人などで、非常勤講師を業務委託や準委任契約によって就労させる例が増えています。

2012年に施行された改正労働契約法により、有期契約の場合、反復更新して契約期間が5年を超えれば無期雇用への転換を希望する非常勤講師の申し出を使用者（大学）は拒否することができません。この事態を回避するため、非常勤講師を「業務委託」や「準委任」の形式で就労させ、改正労働契約法の適用を回避することを狙う動きがあります（朝日新聞2017年2月6日付）。こうした措置は、改正労働契約法の趣旨に大きく反した「脱法的対応」と考えられます。

本来、労働法や社会保険法は、契約形式が「個人請負」や「準委任」であっても、その実態が従属労働であれば、労働者として関連法規が適用されます。労働基準法9条や労働組合法3条は、「労働者」の定義を定めており、それによって労働者性を判定することになります。個人事業主形式の利用によって、労働法・社会保険法規制の脱法を許さないためにも、職場の労働組合が積極的な役割を果たす必要があります。

3．非正規労働と労働組合の課題

(1)非正規労働に対する労働組合の責務

大学の労働組合の多くは、大学に所属する正規教職員だけを対象としています。しかし、労働組合は、雇用の安定と労働条件の改善を目指す組織として、不安定雇用と劣悪な労働条件を特徴とする非正規労働の拡大に抵抗することが必要です。非正規労働は、同じ職場または企業内で同一の労働をしているにも関わらず、雇用継続や労働条件の間に合理的な理由のない格差を生むものであり、労働者の間に分断を持ち込む危険を有しています。労働組合は、労働者間の団結と連帯を重視し、労働者間に不平等と差別を持ち込む非正規労働の導入や拡大に対抗していくことが重要です。

さらに、法的にも大学と各職場に所属する労働者全体を代表することが期待されています。憲法28条とそれに基づく労働組合法などで、労働組合は特別な地位を認められ、団体交渉や労働協約締結の権利を有していま

す。労働基準法や労働安全衛生法では、事業場の過半数労働者代表選出について労働組合を優先していることからも、労働組合は一定の単位に所属する労働者全体を代表することが期待されているのです。

(2)労働組合が主導する差別克服

　労働組合としては、大学や各職場の非正規労働については、その導入・拡大について要求や意見を述べるとともに、差別的で劣悪な労働条件が広がらないように対応することが必要です。

　日本では、非正規労働者より正社員を優遇する就業規則や雇用慣行が一般的ですが、前述したILOやEUが定める「均等待遇」「同一労働同一賃金」の原則を、日本の雇用社会でも普及することが不可避の課題となっています。現行法は、パート労働法（8条）が正規雇用労働者との差別禁止を定め、労働契約法（20条）では、不合理な労働条件を禁止しています。

　労働組合は、これらの法とその趣旨にもとづいて、各職場で主導して非正規雇用の実態を踏まえた上で、交渉や労働協約の締結によって差別是正の取り組みを行なうことが重要です。

大学・学部等の再編により生じる諸問題への対応

第4章

1．大学・学部・学科等の再編への対応

(1)近年における大学・学部・学科再編の特徴

　近年、18歳人口の減少の影響で学部・学科の再編や募集停止が行なわれる中、全国の私立大学で労使紛争に発展するケースが増えています。専修大学北海道短期大学では、募集停止によって8名の教員が解雇される事件（2012年4月提訴）が発生しています。2009年6月、学校法人は同短大の定員未充足を改善するための「緊急3ヵ年計画」の実施を命じましたが、法人自身が行なうべき抜本的かつ具体的な改革・施策は示されず、2010年4月には「緊急3ヵ年計画」の途中であるにもかかわらず、法人側は同短大の教授会に諮ることもなく突如募集停止を決定し、年間1000万円以上の支援を同短大に行なってきた地元の美唄市にさえ事前説明を行なうこともありませんでした。

　さらに、東京での解雇事件（有明教育芸術短期大学・7名の教員解雇）や、関西の整理解雇事件（宝塚大学）、京都での募集停止（京都聖母女学院短期大学）など、短期大学を中心に学生募集の停止にともなう教員の雇用問題が発生しています。

　こうした大学の組織や事業の再編の手法としては、①合併、②学部・学科の譲渡、③学部・学科の募集停止・閉鎖、④業務のアウトソーシング化等が挙げられます。

(2)合併

　学校法人又は準学校法人（私立学校法64条第4項に基づく専修学校又は各種学校の設置のみを目的とする法人）は、他の学校法人又は準学校法人と合併することができるとされています。合併には、合併によって新たな学校法人を設立する新設合併（私立学校法55条）と、一つの学校法人が他の学校法人を吸収する吸収合併（同法56条）があります。

　前者の場合は全ての法人が解散するのに対し、後者の場合は吸収される法人だけが解散します。合併によって消滅した法人の権利義務は全て新設

法人又は吸収法人が当然に承継するので（私立学校法56条）、消滅法人の職員の雇用契約は全て新設法人又は吸収法人に引き継がれます。労働条件については、消滅法人又は新設（吸収）法人との間で特段の合意がない限り、従前の労働条件が維持されます。消滅法人と新設（吸収）法人との間だけで、労働条件の切り下げの合意が交わされていても、それは労働者を拘束できません。

(3)学部・学科等の譲渡

学校法人が、一部の学校や学部・学科等を他の学校法人に譲渡する場合があります。これらについては、私立学校法上、合併に関するような規定はありません。ただ学校教育法上、学校の譲渡の場合、譲渡法人は寄付行為の変更を要し、譲受法人は新設法人なら新たな学校法人の設立認可手続・既存法人なら学校の設置者変更手続が必要です。学部や学科の譲渡の場合、双方で寄付行為の変更が必要です。それらには文科省の認可が必要です。

学部・学科等の譲渡は、合併と異なり、譲渡する財産・権利義務の範囲は個別的に合意で決することができます。問題はそのような場合に、譲渡法人の教職員の雇用がどうなるかです。

通常、大学職員は、特定の学部や学科等に限定して雇用契約を締結しているわけではないので、学校法人が特定の学部や学科等を他の学校法人に譲渡したとしても、それによって、譲渡法人の職員としての地位を失うわけではありません。教員は、特定の学部の教員として採用されることが一般ですが、その場合でも学部・学科の譲渡により、当然に譲渡法人の教員としての地位を失うわけではありません。

ただ、従前勤務していた学部や学科が譲渡された場合に、当該学部や学科に勤務していた教職員が整理解雇されることはあり得ます。この場合の解雇の効力は、整理解雇の要件（第4章4で詳述）に照らして判断されることになります。仮に譲渡された学部や学科等に限定された雇用契約が成立していた場合、譲渡契約により雇用契約も当然承継されるかという問題があります。

これについては、当然に承継されるとは言えないものの、雇用承継の明示の合意がない場合でも、株式会社における営業譲渡のケースで、特段の合意がない限り、雇用承継の黙示の合意があったと解すべきとの裁判例もあります（エーシーニールセン・コーポレーション事件・東京高判平成16.11.16）。また、雇用の不承継特約がある場合でも、譲渡企業と譲受企業の間に実質的同一性がある場合には、雇用契約の承継を認める裁判例があります（日進工機事件・奈良地決平成11.1.11、新関西通信システム事件・大阪地決平成6.8.5）。

(4)学部・学科の募集停止・閉鎖

近年、18歳人口の減少等を背景に、特定の学部や学科の新規学生募集を停止し、在校生の卒業をまって学部・学科を閉鎖するという動きが出ています。学部や学科の閉鎖自体は、寄付行為の改正や文科省への届け出等の手続きを踏めば可能ではありますが、それは教職員の雇用や労働条件に多大な影響を及ぼすものなので、労働組合との団体交渉が必要な事項に該当します。

学部・学科等の閉鎖にともなって、当該学部・学科の教職員を整理解雇する例がまま見られますが、この場合の解雇の効力は、整理解雇の要件に照らして判断されることになります。閉鎖自体の当否に関して、当該学部・学科の財政赤字や将来の財政悪化が強調されることがありますが、貸借対照表や収支計算書等の客観的な資料を提出させて、法人全体の財政分析を行なうことが必要不可欠です。

仮に閉鎖による人員整理がやむを得ないと考えられる場合でも、閉鎖までの間の雇用と労働条件の保障を約束させる必要がありますし、解雇回避努力として、希望退職の募集はもちろん、他学部や他大学への再就職の斡旋等を行わせることも重要です。希望退職に応じる教職員について、退職金の優遇措置を実施させることも必要です。

(5)業務のアウトソーシング

業務のアウトソーシングとは、大学の業務を、業務委託や派遣労働者の

導入等により外部の事業者に委ねることを言います。多くの大学で、保安警備、清掃、施設の保守管理、食堂等の運営などの現業業務について、早くから業務委託がなされてきましたが、今日では、図書館や事務部門などにも業務委託が広がりつつあり、教育研究も含めて大学の業務はすべてアウトソーシングが可能という極論すら主張されるような状況になっています。

　業務委託の方法によるアウトソーシングの狙いは、要するにコストの削減、特に人件費の削減です。業務委託については特に法的な規制がないため、学校法人は寄付行為等に定められた意思決定の手続きを踏めばこれを行なうことが可能です。しかし、業務委託により、教職員の雇用や労働条件に影響が生じる場合には、業務委託の当否や方法等が、労働組合との団体交渉事項となります。特に、業務委託の導入にあたって、当該業務に従事していた教職員が解雇されたり、委託先への転籍を求められたりする場合があるため、団体交渉を通じて教職員の雇用と権利を守ることが必要不可欠です。

(6) 労働組合の役割

　合併、学部・学科の譲渡、学部・学科の閉鎖、業務のアウトソーシング化等は、教員の雇用と労働条件に重大な影響が生じる問題である以上、労働組合には当然に団体交渉を求める権利があり、大学側がこれを拒めば不当労働行為となります。しかし大学側が誠実な姿勢で教職員への説明や対応を行なおうとせず、経営上の一方的な理由を示して解雇等を迫るケースが増えているので、日頃から経営側の情報収集に努めるとともに、組合を結成して団体交渉に備える体制を確立しておくことが重要です。

　非組合員の教職員に組合加入を勧めて組織率を上げることは当然ですが、組織再編に伴う整理解雇等が計画されている場合には、非組合員から組合に委任状を書いてもらう、又は非組合員も含めた統一争議団を結成する等の方法により、非組合員の雇用や労働条件も議題にした団体交渉を申し入れることが求められます。争議団にも団交権は保障されるので、大学側は団交を拒否することはできません。

京都の聖母女学院短大では、2016年4月の募集が停止され、2018年3月末で閉学とされましたが、非組合員である有期雇用の嘱託教員が組合に対し、閉学にあたっての条件交渉を委任し、統一的に団交を行なった結果、専任教員に本給18ヵ月分の特別功労退職金を、嘱託教員に本給6ヵ月分の功労金を支給する旨の条件がかちとられました。

2．配転・出向・転籍

　大学の業務再編に伴って人事異動が行なわれることがあります。それには、同一の使用者の下で行われる配転と、他企業の業務に従事する出向・転籍とがあります。

(1)配転命令の意義・根拠・限界

　配置転換（配転）とは、労働者の配置の変更で、職務内容又は勤務地が相当長期間にわたって変更されるものをいいます。
　配転を命ずるには、就業規則や労働協約、個別契約等に配転を命じうる旨の規定が存在することが必要です。ただ、多くの大学では職務内容や勤務地を限定せずに採用し、「業務の都合により配転を命ずることができる」といった包括的な条項が就業規則に設けられているのが一般で、そのような場合でも、使用者は配転命令権を有すると考えられています。
　ただ、職種や勤務地が限定された契約の場合は、その限定された範囲内でしか配転命令はなしえません。職種限定の有無は、特殊の技能や資格が採用条件となっていたか、採用後もその職種についていたか等によります。勤務地限定の有無は、現地採用か否か、従前の転勤の有無等が考慮されます。
　使用者が配転を命じうる場合でも、権利濫用にあたる場合は配転命令は無効です。濫用か否かは、①業務上の必要性、②不当な動機・目的の有無、③労働者に通常甘受すべき程度をこえる不利益がないか、等を考慮して判断されます。しかし裁判所は、配転が日本において広く行なわれていることを背景として、権利濫用にあたる場合を限定しています。労働者の不満

や要望を反映させるためには、労働組合が配転命令の発令前に使用者との事前協議ができる仕組みを整える等が必要です。

(2)出向命令の意義・根拠・限界

出向とは、使用者が労働者を在籍させたまま、他企業の事業所で当該他企業の業務に従事させることを言います。

出向の場合、指揮命令を行なう使用者が変更されるので、使用者としての権利の譲渡につき労働者の承諾を求める民法625条１項との関係が問題になります。出向命令の要件として、個別合意を要求する立場、密接な関連会社間の日常的な出向であって、出向先での賃金・労働条件、出向期間、復帰の仕方などが出向規程によって労働者の利益に配慮して整備され、当該職場で労働者が通常の人事異動の手段として受容していることを求める立場などがありますが、いずれにしても配転に比して限定されます。

出向を命じる場合でも、出向命令の業務上の必要性（出向命令の必要性、対象労働者の選定に係る事情）と出向者の労働条件上および生活上の不利益とが比較考量され、権利濫用となる場合は出向命令は無効となります。

(3)転籍命令の意義・根拠・限界

転籍とは、現在の労働契約関係を終了させて、他企業との間に労働契約を成立させることを言い、労働契約を合意解約して新契約を締結する方法と、使用者の地位を譲渡する方法とがあります。

転籍を行なうには労働者の個別合意が必要です（日立製作所横浜工場事件・最一小判昭和48.4.12）。従って、転籍後の労働条件についても労働者の同意なしに切り下げることはできません。

３．労働条件の不利益変更とどうたたかうか

労働条件の不利益変更には、(1)就業規則の作成、改訂による方法、(2)労働協約の締結、改訂による方法、(3)いずれにもよらない場合の３つがあり

ます。

(1)就業規則の作成、改訂による不利益変更

　就業規則の作成・改訂による場合は、①労働者の過半数代表者への意見聴取（労基法90条）、②労基署長への届出（労基法89条）、③労働者への周知（労基法106条1項、労働契約法7条）という手続を経ることが必要で、③が欠けると拘束力がありません。

　内容的にも、①法令、労働協約に反する場合は拘束力がありません（労基法92条、労働契約法13条）。また、②労働契約法の規制も及びます。すなわち、就業規則の変更による不利益変更は原則として認められません（同法9条）。例外的に合理性がある場合は不利益変更も許されますが（同法10条）、合理性が認められるか否かは、(i)労働者の受ける不利益の程度、(ii)労働条件の変更の必要性、(iii)変更後の就業規則の内容の相当性（内容自体の相当性、代替措置、激変緩和措置等）、(iv)労働組合等との交渉の状況、(v)その他の就業規則の変更に係る事情（同種事項における我が国社会における状況等）を考慮して判断されます（同法10条）。

　就業規則の不利益変更が提案されたとき、組合としては、①変更前後の就業規則を確保する、②使用者に変更の必要性を文書で説明させる、③業務上の必要性の裏付けとなる資料を提出させる、④労働者側の打撃の具体的状況の調査、⑤業務上の必要性の達成状況の調査、⑥労働者代表の意見陳述の内容のチェック、⑦同業他社の労働条件の調査等を行いつつ、団体交渉で粘り強く交渉することが求められます。また、労働者代表と協力して、労働者代表の提出する意見書に労働者の意見を反映させることも必要です。

(2)労働協約の締結、変更による不利益変更

　労働組合が使用者と締結する労働協約には規範的効力があります（労組法16条）。すなわち労働協約に定める労働条件その他の労働者の待遇に関する基準に違反する労働契約は無効となり、その部分は協約の定めるところによります。

協約の締結、変更による労働条件切り下げは、①公序良俗違反の場合（例えば思想良心の自由を侵害するような場合など）は無効ですし、②既に発生している権利の処分や労働条件の大きな変更にわたる場合等は、個々の組合員の個別的授権なしにはできないと解されています。

また、これまでの労働協約が期間満了や解約等により効力を失った場合、協約で定められていた労働条件がどうなるかという問題があります。すなわち、協約は期間の定めある場合は期間満了により失効しますし、期限の定めのない場合は90日の予告期間をおいて一方的解約が可能です（労組法15条3項、4項）。この場合、協約失効後の労働条件は、別の協約あればその協約によりますが、別の協約がない場合でも、就業規則等に補充規範たりうる合理的基準がない限り、従前の協約が労働契約を補充すると解されています。

(3)就業規則の変更にも新協約の締結にもよらない場合

労働者の個別的同意がないかぎり不利益変更はできません。

4．整理解雇

(1)整理解雇の4要件（要素）

整理解雇とは、使用者側の経営上の理由により生じた人員削減の必要性に基づく解雇を言います。整理解雇については、労働者に責任はなく、専ら使用者側の事情による解雇であるため、経営維持のために人員削減が必要としても労働者の犠牲はできる限り避けるべきことから、判例上、整理解雇の4要件（要素）に基づいてその有効性が判断されてきました。労働契約法16条は解雇権濫用法理を定めていますが、そこには整理解雇の4要件（要素）の考え方も含まれると解されています。

すなわち、①人員削減の必要性があること、②解雇回避努力が尽くされたこと、③被解雇者の選定基準及び人選の合理性、④労働組合及び被解雇者への説明・協議を尽くしたこと、の4要件（要素）を満たさない整理解雇は、解雇権の濫用として無効となります。このうち、①〜③は使用者側

が立証責任を負い、④は労働者側が立証責任を負うと考えられています。

(2) 4要件（要素）の判断

①の人員削減の必要性の程度について、裁判例には人員削減をしなければ倒産必至を意味する立場と、逆に将来のリスクに備えた予防的解雇も認める立場の両極がありますが、大勢は中間的な立場で、客観的に高度な経営危機にあり、人員整理がやむを得ないと言える場合に人員削減の必要性が肯定されています。

その判断にあたっては、学校法人において通常作成される「貸借対照表」、「事業活動収支計算書（旧消費収支計算書）」及び「資金収支計算書」を開示させることは必須です。

学校法人の収入には「帰属収入」と「消費収入」があります。前者は、学生生徒等の納付金や補助金、寄付金等の主要な収入のことで、返済義務のある借入金等は含みません。後者は、帰属収入から基本金組入額を差し引いたものです。基本金とは、学校法人が安定的な事業運営のため必要な資産を継続的に保持するために帰属収入から一定額の組入れが求められるものです。

学校法人の財政状態を見る上で、法人側は、しばしば「当年度収支差額（旧基準では「消費収支差額」１年間の収入と支出との差額）」を強調しますが、私学の実質的な財政状態を判断するのに重要なのは「基本金組入前当年度収支差額（旧基準では「帰属収支差額」）」であり、①の要件の有無を判断する上ではこの点の分析が不可欠です。

②の解雇回避努力とは、使用者が解雇を避けるためになし得るあらゆる措置をとったかということです。通常、希望退職の募集は不可欠と考えられているほか、役員報酬の削減、新規採用の抑制、残業抑制、配転・出向・転籍等も位置づけられます。

③の人選基準と人選の合理性においては、少なくとも性別や組合所属、信条等による差別がないことが必須です。しばしば勤務成績や家計への打撃度、年齢等が基準とされますが、その合理性は個別的に判断されます。いずれにしても基準の適用は公正になされなければなりません。

④は組合や被解雇者に対して、解雇の必要性やその規模・時期・方法、解雇に対する補償内容などについて、誠実に説明し協議を尽くすべきことを意味します。労働協約において、整理解雇について組合との協議を義務づける条項がある場合はもちろん、そのような条項がない場合でもこの義務は尽くさなければなりません。労働組合はこの要件を最大限に活用して、大学側に団体交渉を申し入れ、必要な資料の開示や説明等を粘り強く求めるとともに、4要件が充足されているか慎重にチェックすることが大事です。

5．退職金・年金

大学の合併、学部・学科の譲渡、学部・学科の募集停止・閉鎖、業務のアウトソーシング化等に伴い、教職員の雇用契約が変更される場合、退職金と年金への影響が問題となります。

(1)退職金について

合併や、学部・学科の譲渡等により使用者が変わる場合の退職金の処理方法には、①一旦退職金を清算する方法と、②退職金を清算せず勤続年数のカウントを続ける方法とがあります。一般に退職金の算定は、勤続年数が長いほど優遇されるので、①の方法は教職員にとって不利になります。できる限り②を採用させるよう求めるべきです。

また、やむを得ず①を採用する場合でも、組織再編による退職は、大学側の事情によるものですから、自己都合退職ではなく会社都合退職という扱いで、退職金の算定を行なわせる必要があります。

(2)年金について

今日、企業が「企業年金」を廃止したり、確定拠出年金へ切り替える等の動きが強まっています。私立大学の組織再編により、教職員が民間企業に転籍する場合、私学共済厚生年金の清算を許さず、転籍先へ共済年金が承継される措置を取るよう要求すべきです。

6．労働組合としての対処方法

(1)労働組合は組織再編にどう対処すべきか

　大学の組織再編にあたって、労働組合としての最大の武器は団体交渉権です。これを最大限に活用することが必要です。

　大学側は、組織再編は経営事項であるとして経営者の専権に属する事柄であるかのように主張することが多いですが、公務員の場合に管理運営事項が団交事項とならないのとは異なり（国公法108条の5第3項、地公法55条3項）、民間労働者の場合、団交事項を制限する法令はありません。

　労働者の地位や労働条件、労働組合に関する事項で使用者に処分権限がある事項は義務的団交事項となり、使用者は団交に応ずる義務を負います。組織再編に関する問題は、教職員の雇用や労働条件に影響を及ぼすことは必死ですから、当然に義務的団交事項に該当します。大学側が、団交を拒否すれば不当労働行為となり（労組法7条2号）、労働委員会により救済命令が発せられることになります。

　この場合、大学側は単に団交のテーブルにつけば良いというものではなく、誠実に交渉すべき義務も負います。使用者の交渉態度が不誠実とみられる場合は、やはり不当労働行為たる団交拒否に該当します。誠実な交渉態度とはケースバイケースですが、使用者は労働組合の要求に真摯に対応し、合意形成の可能性を模索することが求められます。例えば、以下のような交渉態度は不誠実団交となります。

・合意意思のないことを最初から明確にした交渉態度。
・交渉権限のない者による見せかけだけの交渉。
・拒否回答や一般論ばかりで議題の実質的検討に入ろうとしない交渉態度。
・十分な説明を行わないまま、自己の回答に固執する態度。
・組合の要求・主張に対し十分に回答や説明・資料提出を行わない態度。
・合理性のない前提条件や差し違え条件に固執する態度など。

(2)交渉を成功させるための留意点

　団体交渉を成功させるポイントは、①早期に交渉を行なうこと、②実質的決定権を持つ者の出席を求めること（合併や事業譲渡等の場合、譲渡元・譲渡先の双方を交渉相手とすること）、③団交の獲得目標を明確にすること、④③との関係で、質問事項や提出を求める資料等を明確にしておくこと、⑤組合側の要求とその根拠、説得方法を検討しておくこと、⑥団交の内容は録音に残すこと等です。

　組合としては、大学側に徹底してデータを出させることが必要です。組織再編の必要性や組織再編の具体的内容、当該方法による理由、実施時期、雇用・労働条件に与える影響、労働者側の不利益を軽減するための代償措置や経過措置等について、大学側の検討内容を開示するよう求めるべきです。特に財政問題が理由の場合は、経理資料の開示は必要不可欠です。

　また、交渉にあたっての獲得目標は高く掲げて、安易に下げないことが重要です。相手方が対案を出すよう求めてくることもありますが、組合に雇用や労働条件の低下を伴う対案を出すべき義務はありません。対案はあくまで経営責任を負う使用者に出させるべきです。

　交渉が進んできた場合は、原則的かつ柔軟に合意形成を図ることになります。その場合、前提として、妥協できる部分とできない部分の峻別を事前に行っておくことが不可欠です。相手方に対する説得の手法としては、相手方のメリットを強調することが基本です。相手が具体的な資料等を開示して合理的な提案をしてきた場合は柔軟な対応が求められる場合もあり得ますが、その場合でも労働者の負担軽減の方策や代償措置、激変緩和措置を求めるなどして、不利益変更が最小限に止まるよう留意すべきです。組合の立場を強調する意図で、「これがぎりぎりのラインだ」というような発言がなされることがありますが、それは禁句です。何故なら、そのように述べると譲歩の余地がなくなりますし、万一、その上で譲歩した場合は説得力がなくなってしまうからです。

　最後に、組合員の拡大こそ団交勝利の最大の鍵です。そのための日常的な活動が求められます。

Column　権利を守る取り組みに財政分析を活用するポイント

明治大学　野中郁江

◆組合活動における財政分析の役割

　私は、会計学を専門とする立場から、20年近く、大学の財政分析に関わってきました。権利を守る取り組みに財政分析を有効に活用するポイントを記しておこうと思います。

　まずは日頃の組合活動における財政分析の役割です。労働者・労働組合の権利を守るためには、春闘などで要求を掲げて、団体交渉をして、組合員を増やします。このなかで財政分析は欠かせません。いまどき要求を掲げて団交をすれば、理事会から財政論が持ち出されない職場はないはずです。大学では、決算書は公表されることになっています。まず決算書を入手して、集団的に検討をして、大学の財政について認識を共有しておくことは、重要です。

　この「集団的」ということが実に重要です。一人の専門家に任せてしまうと、組合の力にならずに終わることがあります。専門家は、自分の分析と結論に、周りがついてこられないので待ちくたびれてしまい、他の人々は「財政分析は難しい」と敬遠してしまうのかもしれません。会計の専門家が入っていないチームのほうが率直に意見を言い合うので、力になったという話を多く聞きます。

　不利益変更を提案されても撤回させる、不利益変更の内容を緩和させて受け入れた後でベースアップを勝ち取る、いろいろな局面がありますが、粘り強さと自信のもとは、財政について組合員のなかに共有されている認識です。こうした組合の交渉力が、組合員の暮らしと権利を守ること、ときには大学の社会的役割を果たすことに貢献することになります。

◆日頃から「財政分析」を行なうことの大切さ

　職場の財政分析力だけでは間に合わないこともあります。不当労働行為、大幅な不利益変更、解雇事件が労働委員会や裁判所に提訴され、私たち会計専門家に鑑定意見書の執筆が求められます。この場合、内容を専門家に丸投げすると失敗します。何を鑑定意見書のポイントにするかは、会計専門家、弁護士、上部団体、当該組合の4者で、時間をかけて率直に議論を尽くさないと明確にならないからです。

　議論をしていると、弁護団の先生方の間で、獲得するべき目標とそれを正当化する理論立てが異なっている場合もあります。そこで私たちから見ると、鑑定意見書の執筆を依頼している理由や必要性、求められていることがよくわからないと感じ

る場合もあります。
　私たち会計専門家は、弁護団、上部団体、当該組合のみなさんと違う面を見ています。あるいは発見します。そこで依頼された内容や結論をそのままでは導き出せない場合もあります。しかし、勝利決定や判決に貢献したいという点では同じ気持ちなので、大いに意見交換をして、明るい出口を見つけ出さなければなりません。
　こうした係争案件においても、日常的に財政分析に取り組んでいる組合は、鑑定意見書を依頼する必要性や範囲がはっきりしています。また、組合は鑑定意見書から得た内容を、団体交渉に活用することができます。まさに一石二鳥です。要するに、日頃から財政分析活動に取り組んでいないと、いざ係争事件となったときに、勝利にいたる出口を見つけるまで「遠回り」をすることになってしまうのです。
　そのため、①日頃から財政分析活動を行なうこと、②分析チームを作って集団的に行なうこと、③係争事件となって会計専門家に意見書を頼む際には会計専門家、弁護団、上部団体、当該組合との４者が率直に議論をしあう時間をつくること、この３点が権利を守る取り組みに財政分析を有効に活用するポイントだと思います。

労働契約

第5章

1．採用

　採用されるということは、労働契約という契約を締結したということです。労働契約法6条では、「労働契約は、労働者が使用者に使用されて労働し、使用者がこれに対して賃金を支払うことについて、労働者及び使用者が合意することによって成立する」と規定しています。応募者に求人側が採用の決定をしたときに、このような合意が成立したと通常は理解できます。

　とくに、新規学卒予定者のいわゆる正規雇用での採用については、採用内定時にこのような合意が成立します。採用内定期間中は就労の始期を卒業直後とし、一定の事由に基づく解約権を留保した労働契約が成立したとされます。内定者が使用者に提出する誓約書にこの事由が記載されているのが一般的ですが、卒業できなかったなどの客観的に合理的で社会通念上相当な場合でなければ、この解約権行使は無効となります（大日本印刷事件・最二小判昭和54.7.20）。

　近年では、入社前年度の10月1日に正式内定を行なうのを前提として、それ以前に内々定通知を行なうのが慣行となっています。内々定後に具体的労働条件の提示、確認や入社に向けた手続等が行われていないことから、内々定時に労働契約の成立は認めず、期待利益の侵害による損害賠償のみを認めた裁判例がありますが（コーセーアールイー（第2）事件・福岡高裁平成23.3.10）、これらの手続が行なわれている場合には、労働契約を締結する確定的な意思の合致が認められる余地があります。

　労働契約の締結に際して、使用者は労働者に対し、労働条件の明示をしなければなりません。労働契約の期間、有期労働契約を更新する場合の基準、就業の場所・従事すべき業務の内容、労働時間、賃金（退職手当、賞与等を除く）、退職（解雇事由を含む）に関する事項については、書面の交付により明示しなければなりません（労働基準法15条、同施行規則5条）。求人票等でしか労働条件が明示されていない場合も少なくありませんが、「求人票記載の労働条件は、当事者間においてこれと異なる別段の

合意をするなどの特段の事情がない限り、雇用契約の内容になるものと解すべきである」とした裁判例があります（丸一商店事件・大阪地判平成10.10.30）。また、事業場における集団的労働条件については、就業規則で定められています（第1章参照）。

就労開始後は、試用期間が設けられるのが通例です。正規従業員としての適格性判定のための期間であり、そのための解約権が留保されているとされますが、客観的に合理的で社会通念上相当な場合でなければ、解約権行使は無効です。就業規則に試用期間に関する定めがあるのが通例で、このような趣旨・目的から合理性が一般的に容認されています。試用期間としては3ヵ月がもっとも多く、1～6ヵ月にわたるのが大多数です。教育職については1年の試用期間が設けられることもありますが、必要性もないのに長期の試用期間を設定するのには、合理性がないといえます（同旨、ブラザー工業事件・名古屋地判昭和59.3.23）。

有期契約にも試用期間が設定される場合があります。少なくとも雇用期間に比して不相当に長い試用期間を設けるのには、合理性が認めがたいでしょう。また、使用者による期間途中の解約は、「やむを得ない事由」がなければできないことから（労働契約法17条）、有期契約の試用期間における留保解約権の行使には、それに準ずる事由が必要であるとした裁判例が存在します（リーディング証券事件・東京地判平成25.1.31）。

2. 配転

配転とは、労働者の配置の変更であって、職務内容または勤務場所が長期間にわたって変更されるものをいいます。使用者の配転命令権を根拠づけるのは、労働契約上の合意ですが、その合意の範囲内でしか配転命令権を行使できません。就業規則に配転の根拠規定があったとしても、職種限定あるいは勤務地限定の合意があるとされる場合には当該合意が優先されます（労働契約法7条但書）。

また合意の範囲内であっても、配転命令権の濫用は認められません。たとえば、業務上の必要性がない場合、業務上の必要性があったとしても、

他の不当な動機・目的による場合または労働者に通常甘受すべき程度を著しく超える不利益を負わせる場合等が、これに当たるとされます（東亜ペイント事件・最二小判昭和61.7.14）。

子の養育・家族の介護を行なう労働者に対する勤務地変更について、使用者は育児・介護の状況への配慮が求められます（育児介護休業法26条）。ワーク・ライフ・バランスという観点からは、配転について従来とは異なる取り組みが使用者、そして労働組合には求められるでしょう。

大学教員には職種限定が一般的に認められ、他職種に配転する場合はその同意が必要です。また、大学教授を大学とは別の敷地にある法人本部の教職員研修室に配転させるのは、教授そのものの地位には変動がないことなどから、異職種配転には当たらないとしつつも、「講義や演習等は、大学教授とっては自分の研究内容・成果の発表をし、さらなる研究の進展を図る機会でもあるから、講義や演習等を行うということは、雇用契約上の権利でもあると解するのが相当である」として、当該配転については十分な業務上の必要性・合理性が求められるが、その存在は認められず、法人の運営方針に批判的な言動を封じ込めるなどの不当な目的によるもので、不当労働行為にも該当するとした裁判例があります（名古屋女子大学事件・名古屋地判平成25.9.18）。

3．昇任

一般的に昇格とは、企業における職務遂行能力の等級の上昇であり、昇進とは役職・職位の上昇であるとされます。昇格・昇進は使用者の裁量的判断として行なわれますが、昇格については職能給の上昇をもたらすことから、勤続年数などの一定の要件を満たした場合にほぼ自動的に行なわれることもあります。当該要件を満たす従業員のうち、女性のみが昇格できていない場合には、昇格確認が認められることがあります（芝信用金庫事件・東京高判平成12.12.22）。昇格・昇進に関する差別的な取り扱いについては、少なくとも損害賠償請求が可能です。

教員の昇任（一般的には職位の上昇なのでしょうが、現在の学校教育法

92条6項以下の規定ぶりからすると、「知識、能力及び実績」に関するランクの上昇といえる余地があるように思われます）に関しても同様のことがいえます。一般的には学内の規則で昇任の要件や手続きが定められていますが、教授会での審議・投票を踏まえた昇任手続きとなっている場合には裁量的要素が強いといえるでしょう。一定の要件に該当すれば当然に昇任するといった慣行がある場合には、昇任確認が認められる余地があるかもしれません。その一方で、教員の降格は明確な根拠規定に基づくことを要し、通常は想定されていません。学問の自由の観点からも厳格に制約されるべきでしょう。教授から助手への降格について、そもそも客観的な理由がなく、不当労働行為（労働組合法7条1号）に該当するとして、無効であるとした裁判例があります（前掲・名古屋女子大学事件）。

　なお、教育公務員特例法では、「教員の採用及び昇任のための選考は、評議会の議に基づき学長の定める基準により、教授会の議に基づき学長が行う」（3条5項）、「学長、教員及び部局長は、学長及び教員にあつては評議会、部局長にあつては学長の審査の結果によるのでなければ、その意に反して免職されることはない。教員の降任…についても、また同様とする」（5条1項）と定められています。

4．解雇

　解雇には諸々の法的規制が課されていますが、解雇事由を一般的に規制しているのが労働契約法16条です。同条によれば、「解雇は、客観的に合理的な理由を欠き、社会通念上相当であると認められない場合は、その権利を濫用したものとして、無効とする」とされます。「客観的に合理的な理由」とされるのは、労働者の能力不足、非違行為（服務規律違反）、使用者の経済的事情です。また、解雇に客観的合理性があるとしても解雇は最後の手段であり、個別の事情からして労働者にとってなお酷であるという場合には、「社会通念上相当」ではないとされます。企業の経済的事情による解雇は整理解雇と呼ばれ、労働者になんらの落ち度がなくても解雇に至ることから、判例では普通の解雇よりも厳しい制限が課されています

(第4章参照)。

　裁判例によれば、能力不足を理由とする解雇は、絶対的な評価に基づくものでなければならず、相対評価である業績評価の結果を、賞与や昇格・降格等に反映させるのを超えて、解雇理由とすることに否定的です（セガ・エンタープライゼス事件・東京地決平成11.10.15、日本アイ・ビー・エム事件・東京地判平成28.3.28）。

　服務規律違反については、その事実が存在する場合であっても、解雇に至らない懲戒処分も可能であるため、解雇相当の事案なのかが前例等に照らして判断されることになります。また、事実を摘示しての名誉棄損、さらには事実を基礎としての意見・論評の表明による名誉棄損的な言論については、その行為が公共の利害に関する事実にかかわり、その目的が専ら公益を図ることにあった場合に、当該事実の重要な部分が真実であるか、労働者において真実と信ずるについて相当の理由があるときは、人身攻撃に及ぶなど意見ないし論評としての域を逸脱したものでない限り、そもそも服務規律違反に該当しないとされます（前掲・名古屋女子大学事件）。大学という場においては、言論の自由が十分に尊重されるべきでしょう。

5．就労請求

　前述のように、労働契約では「労働者が使用者に使用されて労働」する義務を負っています。その一方で、憲法では労働する権利が保障されています（27条1項）。それでは労働者が使用者により理由なく就労を拒絶されている場合に、就労を求めることができるでしょうか。就労ができないのは使用者の責任なので、労働者は賃金を請求できる点には争いの余地がないのですが（民法534条2項）、裁判例では、特別の定めがある場合、または業務の性質上労働者が労務の提供について特別の合理的な利益を有する場合を除いて、就労請求まではできないとされています（読売新聞社事件・東京高決昭和33.8.2）。レストランの調理人については、このような特別の合理的利益を有するとして、就労請求権を肯定した例があります（レストラン・スイス事件・名古屋地判昭和45.9.7）

大学教員にも就労に特別の合理的な利益が存在すると考えられます。ただし、大学による懲戒解雇に対して地位保全等の仮処分を申請し、それが認められたにもかかわらず、自宅待機命令が出された教員について、就労請求権を否定するとともに、労働者に就労請求権が認められる例外的な場合を除けば、自宅待機は労働者の就労義務を免除するものにすぎず、労働者に法的な不利益を課するものではないことから、使用者の有する一般的な指揮監督権に基づく労働力の処分の一態様であり、業務命令の一種であるとした裁判例もみられます（四天王寺国際仏教大学事件・大阪高決平成元.2.8）。

　また、この裁判例では、自宅待機を命じられた大学教員による研究室・図書館の利用について、当該教員の研究にとって「大学研究室における研究がそのすべてではない」、「資料については、他の図書館にもあり、…貸し出し可能の図書については一般人と同様の資格でこれを利用することができる」などとして否定し、なんらかの支障があったとしても損害賠償請求によって救済されるとされました。学問の自由の一環として、教育・研究を行なう権利があることが強調されるべきでしょう（前掲・名古屋女子大学事件参照）。

　これに対して、別の裁判例では研究室等の利用が認められました。すなわち、「債務者〔短大、以下同様〕は在籍中、債権者〔教員〕の希望した研究用図書が多数蔵書されており、債権者は，研究生活の継続のために本件短大の図書館等の施設を利用することが必要である」とされたもの（横浜女子短大仮処分事件・横浜地決平成10.12.28）や、「教育職員は、研究教育活動をその主たる業務内容とするものであるから、債務者〔大学〕は、教育職員として雇用した者がその研究教育活動を支障なく行うことができるような場所を提供すべき義務がある」とされたもの（富士大学事件・盛岡地決平成14.4.12）、「大学設置基準で（…）、大学は、その組織及び規模に応じ、研究室等を備えた校舎を有するものとすること、及び、研究室は、専任の教員に対しては必ず備えるものとすることが定められているとおり、大学教授にとって、研究室を利用することは、十分な教育及び研究を行うために必要不可欠な、その身分に直結した権利の一つである」とされ

たものがあります（鹿児島国際大学事件・鹿児島地決平成14.9.30）。

6．解雇手続

　解雇は労働者にとっては重大な不利益ですから、適正な手続きが保障される必要があります。就業規則や労働協約で解雇手続きが定められている場合、あるいは解雇手続きに関する慣行がある場合には、適正手続保障という観点からこれらが遵守されなければなりません。手続きがおろそかにされているときには、解雇に客観的合理性がないと解されます。大学の就業規則で、人事委員会での審議等を定めている場合には、それを踏まえなければなりません。大学教員については、学内の規則で解雇について教授会の議に基づくことを定めているのが通例ですが、その場合には当然に教授会の議を経なければなりません。逆に、人事委員会や教授会の議を経たけれども、それが事実誤認など十分な審議が行われていないと認められる場合には、そもそも解雇に客観的合理性がないとされるでしょう。

　短期大学教授に対する解雇について、就業規則所定の書面による理由の告知がされていないことから無効とする一方で、教授会規程では教員の免職（懲戒解雇）には3分の2以上の賛成をもって決するとされていたが、規程の不備があったところ（分母が出席者か構成員か、委任状の取扱いをどうするのかについて明確ではない文言となっており、実際の投票結果は、分母を出席者とすれば3分の2以上の賛成となるが、委任状を含めての全構成員とすればそうではなかった）、教授会で実質的な審議がされ有効な判断がされたと理事会が扱い、免職を行ったことは、その効力に影響を及ぼさないとした裁判例があります（西日本短期大学事件・福岡地決平成10.10.21）。

　個別の判断はおくとしても、「教授の免職が本来理事会の権限に属するものであることに鑑みると、教授会を完全に無視して理事会が一方的に決議をしているような場合は別として、教授会で審議されたことを考慮のうえ理事会の結論が出されているときには、その内容が教授会の決議と異なっていたとしても、そのことの故に理事会の決定が直ちに違法となると

は解されない」との一般論を提示した点には疑問が残ります。

7．退職強要等

　執拗な退職勧奨については、損害賠償請求が可能です。裁判例では「使用者が労働者に対し、任意退職に応じるよう促し、説得等を行うこと……があるとしても、その説得等を受けるか否か、説得等に応じて任意退職するか否かは、労働者の自由な意思に委ねられるものであり、退職勧奨は、その自由な意思形成を阻害するものであってはならない」「退職勧奨の態様が、退職に関する労働者の自由な意思形成を促す行為として許容される限度を逸脱し、労働者の退職についての自由な意思決定を困難にするものであった……場合には、当該退職勧奨は、労働者の退職に関する自己決定権を侵害するものとして違法性を有し、使用者は、当該退職勧奨を受けた労働者に対し、不法行為に基づく損害賠償義務を負う」。また、退職勧奨が「退職に関する自己決定権を侵害するものとはいえないとしても、……名誉感情等の人格的利益を違法に侵害した…場合には、……不法行為責任を負う」とされています（日本アイ・ビー・エム事件・東京高判平成24.10.31、ただし、同事件では、このような事情は認められないとして、損害賠償請求は認められませんでした）。

　懲戒解雇されそうなので、労働者が辞職する場合があります。懲戒解雇については、就業規則では退職金の不支給を定めていることが多いので（第7章参照）、それを回避するためです。期間の定めのない労働契約の場合、辞職は2週間の予告をおけば可能です（民法627条）。

　その場合、使用者は退職金を全額支払わなければならないのでしょうか。裁判例では、「労働者が既に退職した場合、使用者は、同労働者に対して懲戒解雇をすることができず、したがって、懲戒解雇による場合に退職金を不支給又は減額にすることができる旨の退職金規程等の定めがあるとしても、この定めをもって直ちに退職金を不支給又は減額にすることはできない」、「しかし、上記の場合においても，退職金の性格（特に功労報償的性格）に照らすと、同労働者において、それまでの勤続の功を抹消又

は減殺する程度にまで著しく信義に反する行為があったと認められるときは、使用者は、同労働者による退職金請求の全部又は一部が権利の濫用に当たるとして、同労働者に対する退職金を不支給又は減額にすることができる場合がある」として、退職金請求はその全額において権利濫用として認められないとしたものがあります（ピアス事件・大阪地判平成21.3.30）。いずれにしても、この点での退職金規程の整備がまずは望まれます。

　これとは逆に、使用者が懲戒処分を行なう際に、従業員としてもはや受け入れたくないとの考慮から、当該労働者に退職するよう説得し、取引条件として懲戒解雇の回避を提示する例は珍しくはありません。自主的に退職したという形式を整えることで、懲戒解雇を強行した場合の係争を避けるのが狙いといえます。この場合、労働者が懲戒解雇されると信じて退職の意思表示をしたものの、当該非違行為は懲戒解雇相当の事由ではなかったという場合には、裁判例では労働者の退職の意思表示が懲戒解雇を避けるためであることが、使用者に黙示的に表示されているとして、錯誤（民法95条）による無効を認めています（富士ゼロックス事件・東京地判平成23.3.30）。

8．定年

　高年齢者雇用安定法は、まず、事業主がその雇用する労働者の定年の定めをする場合、当該定年は60歳を下回ることができないと定め（8条、1994年改正により導入）た上で、65歳未満の定年の定めをしている事業主について、その雇用する高年齢者の65歳までの安定した雇用を確保するため、①当該定年の引上げ、②現に雇用している高年齢者が希望する場合は、当該高年齢者をその定年後も引き続き雇用する制度（継続雇用制度）の導入、③当該定年の定めの廃止、のいずれかの措置を講じなければならないと定めています（9条、2004年改正により導入）。

　多くの事業主は、②のうちの再雇用（嘱託雇用など）を選択しています。かつては、継続雇用制度の対象となる高年齢者に係る基準を定め、それにより選別することが認められていましたが（旧9条2項）、現在では、定

年到達者のうち希望者全員を継続雇用することが義務づけられています（同項削除、2012年改正、2014年4月施行）。

　ただし、老齢厚生年金の報酬比例部分の支給開始年齢が段階的に引き上げられることを勘案し、継続雇用制度の対象者を限定する基準を従前から労使協定（第1章参照）で定めていた事業主については、当該支給開始年齢（男女で異なるが男性の引上げスケジュールに合わせるとされる。2013年度～2015年度：61歳、2016年度～2018年度：62歳、2019年度～2021年度：63歳、2022年度～2024年度：64歳）以上の者を対象に当該仕組みを残すことを経過措置として認めています。

　近年は、再雇用後の労働条件が争われる例が目立つ状況となっています。満60歳定年後の再雇用は有期雇用となるが、職務の内容等が同一であるにもかかわらず、賃金が減額される仕組みをとっている場合、労働契約法20条が定める「期間の定めがあることによる不合理な労働条件の禁止」との関係が問題となってきます。

　この点が争われた事案として、第一審では、賃金額の相違（年間給与額が再雇用後に定年時の7割程度になる）はこれを正当とすべき特段の事情がなく、強行規定である労働契約法20条に反すると認定した上で、正社員就業規則の特則として再雇用後の労働条件が定められていたが、この部分は無効であり、正社員就業規則が適用されるとして、差額分の賃金支払等を認める判決が出されました（長澤運輸事件・東京地判平成28.5.13）。しかし控訴審では、定年前と比較して、一定程度賃金が減額されることは一般的であり、社会的にも容認されていると考えられるなどとして、請求を棄却しています（同・東京高判平成28.11.2）。

　また、労使協定で定めた基準を満たさないために、61歳以降の継続雇用が認められない労働者について、60歳から61歳まではその全員に継続雇用の機会を適正に与えるべきであって、定年後の継続雇用としてどのような労働条件を提示するかについては一定の裁量があるとしても、提示した労働条件が無年金・無収入の期間を防ぐという高年齢者雇用安定法（2012年改正法）の趣旨に照らして到底容認できないような職務内容を提示するなど、実質的に継続雇用の機会を与えたとは認められない場合においては、

同法の趣旨に明らかに反すると判示した裁判例もあります（トヨタ自動車事件・名古屋高判平成28.9.28。結論としては、提示されたパートタイム労働に就くことなく60歳で定年退職した労働者に、1年間のパートタイム労働の賃金に相当する損害賠償を認めた）。

　大学教員については、65歳以降の特任教員としての再雇用が就業規則で定められるケースがありますが、特任教員の労働条件についても、上記と同様のことが言えます。また、それまで大学教員の定年が70歳であったものを65歳に引き下げ、その代償として70歳までの勤務延長制度（再雇用ではない）を導入する一方で、当該延長期間の賃金を大幅に引き下げるというケースもみられます。この点は、就業規則の不利益変更論とも関係する問題です（第1章参照）。

　なお、法学部と理事会との間で、専任教授の定年制について、専任教授本人が任意に退職を希望しない限り、満65歳を迎える前に法学部教授会が定年延長の内申を理事会に対して行い、理事会がこれを承認し、満70歳で定年退職となるという取り扱いが、事実たる慣習として、労働契約の内容を構成（民法92条参照）し、法的拘束力を有していたと認めるのが相当であるとした裁判例が存在します。この裁判例によれば、理事会の定年延長を否決する議決は解雇の意思表示に相当することから、本件否決決議について、法学部教授としての適格性を有しているにもかかわらず、高度の経営上の必要性もないのに、法学部教授会の自主性を尊重することなく、債務者の大学経営に債権者が批判的であること等を理由としてされたものであるとして、無効であるとされています（日本大学事件・東京地決平成13.7.25）。

労働時間・休息

第6章

1．労働時間

(1)労働時間規制の意義と労働時間の上限規制

　日本の年間総労働時間は、使用者に対して給与算定の基礎となる労働時間を尋ねた厚生労働省調査では1718時間（2015年）ですが、労働者に対して実際の労働時間を尋ねた総務省「労働力調査」では、それより200時間以上長い1938時間（2015年）となっています。この調査には非正規労働者も含まれますので、正規労働者に限定するとより長い時間となっていると考えられます。OECD統計では、西欧諸国はドイツの1371時間からイギリスの1674時間まで幅がありますが、日本は、イギリスより250時間、ドイツより550時間以上も長いこととなります。

　大学職員は、夏季休暇などの長期休暇があるため、年間総労働時間としては長く見えないのですが、開講時に限ると労働時間はやはり長いものになっています。日本も法律に定められているとおりに働けば、計算上は年間総労働時間が約1600時間となります。残業が多く、年休が取得できておらず、週休2日になっていないことが主要な原因ですから、これらを規制することが課題です。

　規制のために労働組合の果たした役割は大きいものでした。メーデーの起源となっている1886年アメリカ合衆国でのゼネラルストライキは、その主要な要求の一つが8時間労働制の実現でしたし、国連最初の専門機関である国際労働機関（ILO）の採択した1919年の第1号条約は8時間労働制を定めるものでした。日本で記録に残っている最初のストライキである、1886年の雨宮製糸場でのストライキも労働時間管理を課題とするものでしたし、最初にサボタージュの戦術を採用した1919年の川崎造船所争議の結果導入されたのが、大企業では初めての8時間労働制でした。

　その意味で、労働時間規制は労働運動の原点といっても過言ではありません。現在でも、過労死が続き疲労蓄積状態も多く発生しており、適正な労働時間とすることは依然として重要な課題です。近年では、人間性の回復あるいは発達にとって休みの果たす積極的意義が評価されるようにな

り、家庭生活との適正な均衡を果たすワークライフバランスも官民挙げての目標とされています。

　労働基準法は、労働時間の上限を週40時間・一日8時間と定め（32条）、違反した使用者に対して6か月以下の懲役又は30万円以下の罰金を科す（119条）ことで強制力をもって守らせようとしています。法定労働時間を超える時間を定めた労働契約の部分は無効となり、無効となった部分は法定労働時間通りとなります（13条）。なお、法定労働時間を超えて働いた労働者に対して刑罰が科せられることはなく、割増賃金が支払われます。しかしこの法定労働時間には様々な適用除外が認められるとともに、法定労働時間の枠内でそれを弾力的に運用する手段も認められています（32条の2から32条の5）。またなにより、時間外労働の上限時間規制がないため、時間外労働が事実上野放しとなっており、依然としてILO第1号条約を批准できない状態が続いています。

(2)残業規制と36協定

　労働基準法は、法定労働時間外に労働させるためには、労働者の過半数を代表する者との間で協定（36協定）を締結して労働基準監督署長に届け出ることを定めています（36条1項）。時間外労働の上限時間を定めた規定はありませんが、厚生労働大臣が延長の限度等を定め（36条2項）、36協定締結の際にはその基準に適合することを求めています（36条3項）。厚生労働大臣の定めた限度は、時間外労働が必要最小限にとどめられるべきであることを前提に、週15時間・月45時間・年360時間等となっています。しかしこの時間は、厚生労働省発表の年間総労働時間の平均よりもはるかに長くなる時間外労働を認めるものですし、臨時的な特別の事情がある場合にはこの基準を超える定めをすることも認めていますから、現状を追認するものであり規制の役割は果たせていません。

　そうすると、36協定によって規制できる方策を追及する必要があります。36協定において協定するべき内容として労働基準法施行規則では、時間外労働をさせる必要のある具体的事由や延長することができる時間等があげられています。36協定で上限時間を協定した場合、それに違反して時

間外労働させると労働基準法32条違反となります（昭和53年11月20日基発642号）。つまり、36協定での上限時間を短くすることで時間外労働規制の効果をあげることができます。実際に遵守されることが重要ですから、点検のため労働者代表は使用者と定期協議を求めるべきです。

　これが可能となるには、それだけの力をもった労働者代表が民主的に選出されることが必要となります。労働者代表の選出にあたっては労働組合から候補者を出すとともに、労働者代表個人に任せるのではなく労働組合として対応することが必要です。また、労働者代表選挙が民主的に行われるために、選挙管理に労働組合が関与することも大切です。大学の場合、選挙の有権者には、正規の教職員だけでなく、非正規の教職員や学生アルバイトも含まれます。「過半数」代表としての正当性を担保するためには、有権者の過半数が投票することも求められます。現在の労働基準法施行規則では、36協定届に記載が求められているのは選出方法のみですから、正当な手続きで選挙がされているのかはわかりません。非正規とりわけ非常勤講師の選挙への参加が保障されているか、学生アルバイトが有権者とされているか、投票率がどうなっているか、など点検するべき項目はいくつも考えられます。

　このような取り組みを行なうと、逆に、労働組合が時間外労働を規制しているので仕事が終わらないと労働組合に対して不満をもつ労働者があらわれてきます。しかし仕事が終わらないのは過大な業務量が原因です。これは、単に時間外労働を短縮するというだけでなく、業務量を適正化することも併せてすすめなければならないことを示しています。業務量を適正化するためには、その前提として業務の可視化が求められます。

　大学の場合には、新規事業の立ち上げは別とすると、毎年の業務は類似していますから、可視化は可能です。また、学生の課外活動支援業務や、高校生や予備校生への入試広報業務などは、学生や生徒の講義あるいは授業が終わってからの業務となりますから、勤務が必然的に夜になります。この場合には対象業務を限定した上で、残業というよりも勤務時間帯をずらす時差勤務で対応することが多いのですが、教育は非定型的業務ですから支援や広報に要する時間は一定せず、残業も発生します。この場合には

インターバル規制も考えられるべきです。EU（ヨーロッパ共同体）は1993年の労働時間指令によって、24時間につき最低連続11時間の休息時間、すなわちインターバルを義務づけています。たとえば時間外労働によって終業が午後11時になった場合、11時間のインターバルを置いて、出勤は翌日の10時でよいとする制度です。

(3)割増賃金

　時間外労働させた場合に労働基準法は、通常の賃金の125%以上、月60時間を超える場合には150%以上、休日労働の場合には135%以上の割増賃金を支払うことを義務付けています（37条）。同時に深夜労働（午後10時から午前5時までの時間にかかる労働）の場合には、125%以上の割増賃金支払いを義務付け、時間外労働が深夜に及んだ場合には150%以上、休日労働が深夜労働となる場合には160%以上の賃金支払いを義務付けています。ただし、休日労働が8時間を超えた場合であっても、135%以上の割り増しでよいと解釈されています。

　割増賃金算定の基礎となる賃金は通常の労働時間の賃金であり、家族手当、通勤手当、別居手当、子女教育手当、住宅手当、臨時に支払われた賃金、一ヵ月を超える期間ごとに支払われる賃金は含まれません（労働基準法37条5項、同施行規則21条）。ただし、家族手当、通勤手当、住宅手当を除外できるのは実際に要した費用に対応した金額となっている場合のみで、実費にかかわりなく定額である場合には除外できません。この手当等は限定列挙であり、これ以外の手当たとえば勤続手当や職務手当等は算入しなければなりません。日本の賃金は手当等の比率が高いのですが、割増賃金計算に多くの手当が算入されず、新規雇用することに比べると賞与や退職金支給の必要もありません。そのため新規雇用するよりも時間外労働を命じた方が人件費負担は軽くすむ例が多くみられます。時間外労働の上限時間設定が直接規制なのに対して、割増賃金支払いは間接規制であるとする見解もありますが、少なくとも現行の割増率と計算方法では時間外労働を規制する役割は果たせていません。

　時間外労働の多い日本では、このような割増賃金でさえ使用者は削減し

ようとすることがあります。たとえば「固定残業代制」です。これは残業代を一定の額に固定するもので、多くはそれを基本給の中に組み込んでいます。この制度が有効となるためには、基本給と切り分けられて金額が明示されている、前提とする残業時間が明示されている、割増賃金額や最低賃金額を下回らないことが必要です。実際の割増賃金額が固定残業代を上回る場合には、その差額を使用者は支払わなければなりません。

　そもそも残業を前提とした賃金体系とすること自体が疑問ですが、京都での2014年の調査によれば、ハローワークへの求人の中で固定残業代制を採っているうちの8割近くに違法の疑いがあるとされています。見かけの基本給が現実よりも多く見える、割増賃金額が頭打ちであるとの誤解を受けるなど弊害が多いものといえるでしょう。

　また、職務手当に割増賃金が含まれていると使用者が主張することもあります。職務手当はあくまでその職務に就くことの負担への手当ですし、仮に割増賃金が含まれるならば、上述の固定残業代制が有効となるのと同様の条件を整えることが必要です。さらに、割増賃金支払いの代わりに代休を与えるという取り扱いがされることもありますが、割増賃金支払いに代えることはできません。ただし、時間外労働が月60時間を超えた場合、労使協定にもとづき、25％の割増賃金増額分を有給休暇に代えることはできます。

(4) 残業義務

　上述の36協定締結ならびに割増賃金支払いは、労働基準法の定める労働時間の上限を超えて働かせた場合に使用者に課せられる刑罰を、免れるという法的効果が発生するのみです。労働者に時間外労働の義務が生じるためには、労働契約上の合意のあることが必要となります。

　この合意の在り方について学説では、時間外労働が必要となった都度、使用者が具体的な日時を指定して労働者に申し込み、それに対して労働者が同意した場合にのみ成立すると考えるものが多いのですが、最高裁判所は、就業規則に時間外労働させることができる旨を定めているときは、その規定が合理的である限り、それが具体的労働契約の内容をなすから、労

働者は時間外労働の義務を負うと判示しています（日立製作所武蔵工場事件・最一小判平成3.11.28）。

　結果として、使用者が就業規則を整備することで時間外労働義務が広く認められることとなり、現在の長時間労働を是認することになっています。ただ現実には、労働現場において使用者からの時間外労働命令を個々の労働者が拒むことは困難ですから、労働組合による規制が必要です。

(5)適用除外

　労働基準法は、災害等によって臨時の必要があり労働基準監督署長の許可をうけた場合、公務員が公務のために臨時の必要がある場合、それぞれ時間外労働させることができ（33条）、農業・水産畜産業、管理監督者、監視又は断続的労働者で労基署長の許可を得た者、については適用除外としています（41条）。

　大学では、課長がここでの管理監督者にあたるとして、時間外労働の割増賃金が支払われないという取り扱いがされている例が多くみられます。しかし行政解釈によっても、管理監督者の判断基準としては、労働時間等の規制の枠を超えて活動せざるを得ない重要な職務と責任を有し、現実の勤務態様も労働時間等の規制になじまない立場にある者に限られ、待遇についても一般労働者に比べ優遇措置が取られていること、が挙げられています（昭和63年3月14日基発150号）。

　さらに厚生労働省の解説によれば、重要な職務と責任については人事権を有し時間管理を行っていること、勤務態様については自ら時間管理を行い遅刻や早退が自由であること、待遇については一般労働者より基本給が優遇され一時金の支給率も高いことがあげられています。

　これらの基準と照らし合わせると、大学の課長がここでの管理監督者には当たらないことは明らかです。多くの大学でとられている課長への対応は、直ちに改められなければなりません。ただ、2012年の労務行政研究所の調査では、課長クラスの89％に残業代が支払われていません（2012年労政時報第3833号）。会社によって課長の権限と実態は異なるので管理監督者にあたる場合もあるでしょうが、おそらく多くは違法であると思われま

す。

　この違法状態を合法化することを一つの目的として、「ホワイトカラーエグゼンプション」の導入が提案されています。これは、一定年収以上のホワイトカラーについて適用除外とするもので、「自律的労働時間制」あるいは「高度プロフェッショナル制度」等と名付けられています。ホワイトカラーの時間管理については検討する必要がありますが、「ホワイトカラーエグゼンプション」は、管理監督者の長時間労働を進めるものであり、導入するべきではありません。なお、41条に該当する者であっても深夜業の場合には割増賃金が支払われなければなりませんし、年次有給休暇の規定も適用されます。

(6)労働時間管理

　厚生労働省の定めた「労働時間の適正な把握のために使用者が講ずべき措置に関するガイドライン」(平成29年1月20日)によれば、労働時間とは使用者の指揮命令下に置かれる時間をいい、使用者の明示又は黙示の指示により業務に従事する時間があたり、業務に必要な準備時間や後始末、手待ち時間なども労働時間として取り扱われなければならず、労働時間か否かは客観的に定まるとしており、その上で、使用者は労働時間を適正に管理する責務を有しているとしています。

　大学でもいわゆる「ヤミ残業」が、とりわけ時間外労働への規制が強化されればされるほど、発生している可能性があります。これを適正に把握することを使用者のみに求めても限界があります。36協定の上限時間を遵守させるため、労働者代表との労使協議の中で点検することも考えられますが、大学内の多様な層の声を反映させることも有効です。その意味で、労働時間等設定改善法6条に定められている労働時間等設定改善委員会を活用することも検討してみるべきでしょう。

　事業主は労働者の始業・終業時間を確認して記録する責務を負っていますが、大学の場で問題となるのが教員の労働時間の管理方法です。大学教員について専門業務型裁量労働制を導入するべきだと主張されることがあります。労働基準法は、外回りの営業のように使用者の具体的な指揮命令

が及ばず、客観的にみて労働時間の算定が困難な場合には、所定の労働時間を労働したものとみなす制度を設けていますが（38条の２）、それに加えて、業務の性質上、遂行の手段・方法・時間配分等を大幅に労働者の裁量に委ねられる一定の業務について、労働時間の計算をみなし時間によって行なう裁量労働制を認めています。

　この裁量労働制に、経営の中枢部門で企画・立案・調査・分析業務に従事する業務につき労使委員会の決議により実施する「企画業務型」（38条の４）とともに、専門的な19の業務につき労使協定により実施する「専門業務型」（38条の３）があるのです。

　しかし、大学教員は講義や会議などの時間に拘束され、時間配分を自らの裁量で行なうことはできませんから、裁量労働制にはなじみません。厚生労働省令が認めた19の業務のうちの大学の教授研究の業務は、主として研究に従事するもののみであり、それは、講義等の授業や入試事務等の教育関連業務の時間が、多くとも１週の労働時間のおおむね５割に満たない程度であることとされており、講義にはその準備や後の対処が必然的に付随することから考えると、多くの大学教員はこの基準に該当しないと考えられます。

　そもそも裁量労働制は、長時間労働につながるものであり、使用者も割増賃金を削減する目的で導入しようとすることも多く、導入には慎重であるべきです。もっともそれに代わる適切な時間管理の手段が現行法にはありませんので、残業時間の把握や、大学の業務のために休講した場合の補講義務の有無など課題が残っています。

　仮に導入する場合には、業務遂行の手段・方法・時間配分等に関し労働者に具体的指示をしないことを明示し、実労働時間にあったみなし労働時間を設定し、労働者の健康確保措置や苦情処理制度を具体化することが必要です。導入した大学において、全てが就業時間であるので就業時間中の団体交渉を拒否する例が表れていますが、時間配分は労働者の自由ですから不当な主張です。導入しない場合には、大学教員の職務を可視化するとともに、果たすのに必要な時間を定量化し、その合計が所定労働時間内に収まるような制度設計を行なっていくこと等の対応策が考えられます。

2．休息

(1)休息の意義

　憲法27条にもとづき休息は労働基準法が付与すべき最低基準を設定しています。休息とは労働義務から解放されるものであり、休憩・休日・年次有給休暇の制度が規定されています。休息の意義は単に労働による疲労からの回復にのみ求められるものではなく、労働者の人間性の回復あるいは実現にこそ意義があります。この時間を使って、個人として能力開発・向上の取り組みや文化的・社会的な活動を行ない、職場の仲間とのコミュニケーションを図ったり協同の取り組みを行ない、家族や地域での役割を発揮するといった活動ができるためのものです。したがって、たとえば使用者から疲労回復にならないとして行動を規制されるべきではなく、必要な時間が保障されるよう時間分割や休暇の細分化も行なわれるべきではなく、金銭で代替されるものでもありません。現行法制はILO基準にも達していませんが、上の観点からすると様々な不備があり、改善が求められています。

(2)休憩

　労働基準法は、労働時間が6時間を超える場合には45分以上、8時間を超える場合には1時間以上の休憩時間の付与を使用者に義務付けており、付与にあたっては、途中付与、一斉付与、自由利用の原則を定めています（34条）。

　労働時間が8時間ちょうどであれば休憩時間は45分以上となりますが、時間外労働を行なうと8時間を超えるため休憩時間は1時間以上となります。ただし、時間外労働が6時間を超えても休憩時間は1時間以上のままで1時間45分以上とはならないと解釈されています。

　休憩時間の分割は、禁止規定がないことを理由に可能と取り扱われていますが、厚生労働省は、分割された休憩時間が短い場合には自由利用の原則に反することがあると指導しています。例えば、食事に必要な時間が確

保されること等が求められるでしょう。しかし、休憩時間とは単に食事をするためのものではなく、人間的な活動ができるべきですから、分割はできないと解すべきだと考えられます。

　また、休憩時間中におけるビラ配布などの組合活動や政治活動を使用者が制限することがあり争われますが、判例では施設管理権や企業秩序維持を根拠として、活動を制限する就業規則を有効とはしつつも、企業秩序を乱すおそれのない特別事情が認められるときは、その規則に違反するものではないと判断して、ビラ配布については企業秩序を乱すものではないと判断したものが多くみられます（明治乳業事件・最三小判昭和58.11.1、日本チバガイギー事件・最一小判平成元.1.19、倉田学園事件・最三小判平成6.12.20）。しかし、組合活動の権利や市民的自由を侵害する規則はそもそも許されないと考えるべきです。

(3)休日

　OECD諸国を中心に週休二日制の立法が進んでいますが、労働基準法は週休一日制であるため（35条1項）、完全週休二日制を導入している企業は約半数にとどまっています。

　また、4週間を通じて4日でよいとする変形週休制も認めているため（35条2項）ILO条約を批准できない法制度となっています。日曜日や祝日を休日とする労基法上の規定もありませんが、社会は休日とすることで動いていますので、休日とすることが求められます。

　法定休日に働かせる場合には、36協定の締結と割増賃金支払いが必要ですが、週休二日制を導入している際の法定外休日に働かせても、法的には36協定締結や割増賃金支払いは使用者に義務付けられていませんので、組合運動により週休二日が実際に休めるような取り組みも必要です。休日の意義からしてそれを金銭で代替させることはできないと考えられますので、休日出勤への補償はした上で、やはり代休がとれる制度設計も考えられるべきでしょう。

　法定休日は、就業規則で特定されることが望ましいとされており、その特定された休日を別の日に変更する場合（休日振替）には、就業規則にお

いて具体的事由と振替日を規定すること、振替日は本来の休日に近接していることが望ましいとされています（昭和63年3月14日基発150号）。休日を振り替えた場合、本来の休日は通常の労働日となりますが、当該週の労働時間が40時間を超えた場合には時間外労働となりますし、振替日は法定休日ですからその日に働かせた場合には休日労働となります。

⑷年次有給休暇

　年次有給休暇（年休）とは一年毎に賃金を得ながら休暇をとれる制度であり、労働基準法は勤続年数によって年休日数が増加していく方式を採用しています。つまり、雇い入れられてから6ヵ月継続勤務し、8割以上出勤すれば次の一年間に10日の年休がとれ、そこから更に1年（雇い入れ日から通算すると1年6ヵ月）継続勤務し、8割以上出勤すれば次の一年間に11日、同様に更に1年の継続勤務で12日、次の1年の継続勤務では14日と2日増え、同様に16日、18日、20日と増えていき、それ以降は20日で上限となる、という制度となっています（39条1項、2項）。

　国際労働基準は、年休を最低3労働週保障しそのうちの2労働週は連続したものでなければならず、疾病又は傷害に起因する労働不能の期間は年休の一部として数えてはならないとするものですから（ILO132号条約）、日本は勤続年数の少ない者はこの水準に達しませんし、なにより、連続した2労働週の年休保障や疾病又は傷害を年休日に算入しない制度もありませんので、ILO条約を批准できない水準です。

　日本の年休の取得率は、47.3%（2014年）と15年連続して半分を割る状況が続いています。取得していない理由として、もっとも多いのが「病気や急な用事のために残しておく必要がある」とするもので、次いで「職場の他の人に迷惑がかかる」とか「仕事量が多くて休めない」という人員配置上の理由があげられ、続いて「他の人がとらない」「上司がいい顔をしないし勤務評定が気になる」といった職場の雰囲気があげられています。

　年休の取得率を上げるためにこれまでも、1987年には5日を超える年休日につき労使協定に基づいて計画的に年休を付与できる計画年休制度を設け（39条6項）、2005年には労働時間等設定改善法を制定して年休を取得

しやすい環境整備を使用者の責務とし、2010年には労使協定に基づき5日の範囲で時間を単位として年休を取得できる仕組みを導入しました（39条4項）が、計画年休制度のある企業は約2割、時間単位取得の制度がある企業は約1割にとどまっています（2014年）。

政府は2020年までに年休取得率を70%とすることを目標としており、厚生労働省が5日については使用者に付与義務を課す法案を準備し、規制改革会議が勤務開始日から年休を付与する法改正を提言しています。しかし、なにより必要なのは取得しない原因を取り除くことであり、病気休暇の制度を使いやすい形で設ける、それを前提にして年度初めに一年間の年休日を特定しそれを前提とした人員配置を行なう、勤務評定には影響しないことを明示する、などの施策をとるべきと考えられます。これらは法改正を待つ必要はなく、年休日数の増加、連続休暇の保障、勤続年数に関係ない一律の日数設定、勤務開始日からの年休付与などとあわせて、各大学において整備していくことが検討されるべきです。

継続勤務と8割出勤の要件を充足することで自動的に労働者の年休権は発生し、年休を取得する時季は労働者が指定できると解釈されており、使用者からの承諾を得ることは必要ありません（白石営林署事件・最二小判昭和48.3.2）。

ただし、「事業の正常な運営を妨げる場合には」使用者は別の時季に与えることができます（39条5項）。使用者の時季変更権限は、それが広範囲にわたると労働者の時季指定権を事実上ないがしろにすることになりますから、最高裁は、利用目的によって判断してはならず（白石営林署事件判決・上掲）、「できるだけ労働者が指定した時季に休暇を取れるよう状況に応じた配慮をすること」を使用者に求めています（弘前電報電話局事件・最二小判昭和62.7.10）。

その際、「恒常的な要員不足により常時代替要員の確保が困難であるというような場合」（西日本ジェイアールバス事件・金沢地判平成8.4.18）は「事業の正常な運営を妨げる場合」にあたらないと判断されますが、他方で長期連続休暇の時季を指定した場合には、代替勤務者確保の困難さが増大する等のため「使用者にある程度の裁量的判断の余地を認めざるを得な

い」(時事通信社事件・最三小判平成4.6.23)と判断しています。大学教員の場合には、講義の関係が時季変更事由として考えられますが、補講での対応も可能ですので機械的判断はすべきでありません。また、学生の長期休暇中にも教員には教育負担があり、大学行政上の負担はむしろ増加しますので、教員の年休指定も必要でしょう。

年休権は2年間の消滅時効(115条)にかかると解釈されていますので、未消化の年休は翌年に限って持ち越すことができます。年休を使用者が買い上げることは違法ですが、時効消滅した年休に対して金銭補償を行なうことは認められると解釈されています。

(5)その他の休日・休暇

法定休暇には、産前6週間・産後8週間の休業(65条)、生理日の就業が著しく困難な女子に対する休暇(68条)、育児介護休業(育児介護法)などがあります。これらの権利を行使した場合に、不利益に扱われることになる事例が起こります。例えば、産前産後休業をとった場合に賞与の算定上は欠勤日として扱われたり、賃金引き上げの対象から除外する、あるいは生理休暇をとった場合に精皆勤手当てが支給されないといった事例です。

これに対して最高裁は、「これにより上記権利等の行使を抑制し、ひいては労働基準法等が上記権利等を保障した趣旨を実質的に失わせるものと認められる場合に限り、公序に反するものとして無効となると解するのが相当である」(東朋学園事件・最一小判平成15.12.4判例時報1847号141頁、日本シェーリング事件・最一小判平成元.12.14、エヌ・ビー・シー工業事件・最三小判昭和60.7.16)と判断していますが、正当な権利行使ですから労働者の被る不利益の大小によって判断することは疑問です。

労働者による公民権行使のための時間請求を使用者は拒んではなりませんが(7条)、その時間についての賃金支払いの保障はありません。そこで、裁判員に選任された場合、法務省は有給休暇とする配慮を使用者に求めています。

労働基準法は最低基準ですから法定休暇以外の休暇を設けることは望ま

しいことです。平成25年就労条件総合調査によれば、全国的には以下のような休暇が設けられています。44.7%の企業が夏季休暇を設けており、そのうちの80.7%が有給であり、最高付与日数の平均は4.3日。上述の病気休暇も22.4%の企業が設けており、そのうちの37.6%が有給であり、最高付与日数の平均は196.9日となっています。5年または10年といった節目ごとにとれるリフレッシュ休暇を設けている企業は11.1%ですが、1000人以上の企業に限れば40.4%で、そのうちの83.6%が有給、最高付与日数の平均は62日となっています。

1995年の阪神・淡路大震災を契機として、1997年に公務員に認められたボランティア休暇は、2011年の東日本大震災を契機としてさらに広がっており、全体としては2.8%であるものの1000人以上の企業に限れば40.4%で、62.7%が有給、最高付与日数の平均は25.6日となっています。京都でもこれらの休暇の設けられている大学がありますし、それ以外にも、冠婚葬祭での休暇、授業参観のための休暇なども設けられています。しかし、実際に取得できているかの課題は残っており、労働組合の取り組みが求められています。

新版『大学教職員のための権利ハンドブック』に寄せて

2003年度・2004年度京滋私大教連執行委員長
細川　孝（龍谷大学教員）

　30数年前に新卒で就職した職場では、ユニオンショップ協定が結ばれていた。入職するとともに労働組合に加入することとなった。そして、5月の連休明けだったかには新入組合員を対象とした労働学校が開催され、同期のメンバー全員が参加した。職場では、「36協定」に定める時間外時間の延長の申し入れがあるたびに、休憩時間に分会の組合員が集まり延長の可否について議論していた。

　わたしの労働組合の原体験は、この「36協定」をめぐる職場集会の風景である。このような経験は、それまで労働組合にまったくなじみのなかったごく普通の青年労働者に権利意識を醸成させていったように感じられた。わたし自身に関していえば、労働組合に関する多少の知識をもっていたつもりであったが、いま振り返ってみると大変貴重な経験をしたと思っている。

　さて、その後の紆余曲折を経て、大学に職を得て今年でちょうど20年目である。その間、前任校を含めほとんどの年に教職員組合という名の労働組合の役員を務めてきた。それは（前述のような原体験を踏まえ）とくに「労働組合が好き」ということからではなく、「労働組合が職場になくてはならない」という単純な思いからであった。そして、そのために「自分に何ができるか」という問いかけからであった。

　労働組合がすでにその職場にある場合には、加入すれば組合員として（どの程度のことをするかは別にして）活動することができる。しかし、労働組合がある職場（大学）ばかりとは限らない。また一般企業と同様に、大学もまた企業ごとに組織されており、（本来の意味での）産業別労働組合は限られている。この点で、大学もまた日本的な労働組合のありようから逃れることはできない。

このようなもとで、大学という職場に働く者の権利をしっかりと身につけることは欠かせない。職場に労働組合があっても、労働組合に対する理解、労働者のもつ権利についての知識がなければ、労働組合の力を十分に発揮できないだろう。これは、わたし自身の自戒を込めての思いである。十分な知識があれば、仮に職場に労働組合がなくても労働者の権利を武器にしてたたかうこともできるだろう（もちろん労働組合を結成したり労働組合に加入したりしてたたかうことがより大きな力を発揮することは言うまでもない）。
　とりわけ教員（＝教育・研究労働者）の場合には、労働組合や労働法に関する知識とあわせ、学問の自由や大学の自治に関する知識も大切である。大学教員が労働者であるとともに、日本の学術の民主的な発展を担う存在だからである。自らの学問的な専門分野についての探究とあわせ、この分野での研さんも欠かせない。
　新版『大学教職員のための権利ハンドブック』が職場で学習され、活用され、労働者の権利擁護に役立つともに、大学教職員の労働運動の前進、さらには日本の「大学界」の改革に寄与することを切に願っている。執筆者はいずれも第一線で活躍される労働法研究者や弁護士である。大学の労働問題に詳しい佐々江氏が執筆されていることも心強い。本書が刊行されるのを心待ちにしている。

賃　金

第7章

1．賃金

　教職員には多様な形で報酬が支払われています。月例の本俸や各種手当、定期的な賞与、各種報奨金や慶弔費、退職金（一時金ならびに年金）、さらには金銭支給の形ではないもの（健康診断、施設利用、その他の福利厚生）などです。

　日本では、報酬の中で本俸以外の各種手当や賞与・退職金の占める割合が、OECD諸国よりも高いものとなっています。これは、戦後の労働組合運動が主導した生活給、つまり、労働者とその扶養家族が生活できる水準の給与、との考え方を反映して年齢給や各種家族手当を設けてきたこと、そして、労働組合運動からの賃上げ要求に対して、使用者が、賃金は引き下げることが困難でかつ賞与額や退職金額に反映されるため、賃金を上げることを回避し、変更が容易と考える手当や賞与・退職金の引き上げという形で応じたこと、などの結果です。したがって、本俸以外の報酬についても教職員に支払われるべきもので、使用者が任意に操作できるものではありません。ただし、これは正規雇用の教職員について言えることであり、非正規雇用者は給与水準が低いだけでなく、時間給制度であり、定期昇給がなく、賞与や退職金の制度もない等、格差の大きいものとなっており、改善が課題です（第3章参照）。

　これら報酬の支払いを使用者に義務付ける根拠は、労働契約です。したがって、使用者の義務内容も労働契約での合意によることとなります。労働契約上の義務となっていない点については、使用者が任意に変更できるのに対して、合意されている場合には使用者が一方的には変更できません。これは賃金についてのみならず、労働基準法上は「賃金」とは考えられない報酬、たとえば福利厚生、についてもあてはまります。合意内容は、労働契約書や労使間のやり取り、就業規則、労働協約、慣行等から確定していくことになります。

2. 賃金支払いの確保

　各種報酬の内容が労働契約に基づいて決められるとしても、現実には労使間に力の差があり、自由な合意に任せてはいられません。各種報酬のうちでも賃金は労働者の生活の糧であり、とりわけ重要な労働条件ですから、法律は賃金が確実に労働者にわたるよう規制を加えています。まず、差別を禁止しています。女性であることを理由とした差別的賃金を禁止して男女同一賃金の原則を定め（労基法4条）、パートタイマーに対して正社員との均衡を考慮した賃金とするべきであること（パート労働法10条）などが定められています（第3章参照）。

　その上で労働基準法は、賃金を、①日本の通貨で支払うこと、②直接労働者に支払うこと、③その全額を支払うこと、④賞与等は別として通常の賃金は毎月定期的に支払うこと、を使用者に義務付けています（24条）。①については、労働者との合意があれば銀行振込も認められ、③については、労働者の過半数を代表する者との間での書面協定により、賃金の一部控除が認められています。労働組合の組合費を使用者が賃金から控除し、控除した組合費をまとめて組合に渡すというチェック・オフについても、③の例外規定の要件を充たすべきであるとした判決があります（済生会中央病院事件・最二小判平成元.12.11）。また、適法な協定が結ばれていても、それが有効となるには各組合員からの委任を受ける必要があり、組合員がいつでも委任を撤回できるとする判決もあります（エッソ石油事件・最一小判平5.3.25）が、いずれの判決も疑問です。

　支払うべき金額は、労働組合による団体交渉と、その結果として労働協約により決まります。労働組合のない職場では、個別の労使交渉と労働契約によって決まりますが、実質的には、国家公務員の給与についての人事院勧告に準拠したり、教員の場合には流動性が高いことから同規模の他大学を参照して決定されたりもします。

　そこで、私学全体の賃金を抑制するために、一時期「私学高賃金論」が声高に叫ばれたことがありました。しかし、これは私学教職員の実態を無

視し、恣意的な比較対象との比較によるものです。教員について言えば、教育負担と大学行政負担は大きなものがあり、福利厚生なども含めた全体としての報酬の点では一般企業より劣り、また研究者として養成されるために費用がかかるとともに、大学の正規教員となる年齢が高いため、生涯賃金は大きくはなりません。例えば、民間の工場長クラスよりも年齢は高くて給与は低いという分析がなされたこともあります。

　最低限支払うべき金額については、法的規制があります（最低賃金制度）。地域別最低賃金は、金額が時給として都道府県ごとに決められ、産業や職種にかかわりなく、各都道府県内の事業場で働くすべての労働者に適用されるものです。対象となる賃金は、毎月支払われる基本的賃金であり、割増賃金、通勤手当、家族手当などを除いたものです。最低賃金に達しない賃金を定める労働契約は無効となり、最低賃金と同様の定めをしたものとなりますので、労働者は使用者に対して実際に支給された賃金との差額を請求できることになりますし、使用者に罰則が科せられます。

　大学では、アルバイト雇用の職員や学生の時給に影響することになります。これらの労働者は、最低賃金額に近い額で雇用されることが多いのですが、政府は最低賃金額を毎年3%、1000円まで引き上げることを目標としており、近年では約20円程度の引き上げが続いているため、最低賃金が守られているかのチェックが必要です。さらに、日本の最低賃金は2013年のデータで、賃金の中央値に対する比率がOECD加盟25か国中下から5番目に低いものですから、最低賃金が守られていればそれで良いということではなく、時給引上げの努力が必要です。

3．賃金（本俸）の引き下げ

　大学においても、使用者はさまざまな形で賃金の引き下げを行なおうとしています。まず、経営危機などを理由として、賃金を一方的に減額することがあります。しかしこれに対しては、賃金が最も重要な労働条件としての労働契約要素であるので、従業員の同意なしに一方的に不利益変更はできず、それは整理解雇回避のための措置であったとしても同様である、

と判断されています（チェースマンハッタン銀行事件・東京地判平成6.9.14）。

　それでは、教職員の同意があれば減額できるのでしょうか。判例は、労働者の自由意思による賃金の放棄や減額への同意を認めてはいるのですが（シンガーソーイングメシーン事件・最二小判昭和48.1.19、日新製鋼事件・最二小判平成2.11.26）、異議を述べずに減額された賃金を受け取ったことだけでは合意があったとは言えないとするなど（北海道国際航空事件・最一小判平成15.12.18）、自由な意思であることについては厳格に解釈しています。

　直接的な賃金額の減額という形ではなく、定期昇給の一方的廃止あるいは切り下げ、ということも発生しています。これに対しては、仮に内規によってでも10年間定期昇給を行なってきた場合には、従業員は定期昇給を受ける地位にあることが認められ、定期昇給の停止によって従業員の被る経済的不利益は大きいものがあるので、他の経営にかかる他の合理化措置と同様に論じて使用者の裁量によるものとすることは相当ではなく、経営上の必要性、従業員が被る不利益の程度、労働組合との交渉経過等を考慮して決めるのが相当であると判断されています（三和機材事件・千葉地判平成22.3.19）。

　給与規定も含まれる就業規則の改定により、賃金を減額する結果をもたらそうとすることもあります。この場合には、就業規則の不利益変更の議論となりますが（第4章参照）、「特に、賃金、退職金など労働者にとって重要な権利、労働条件に関し実質的な不利益を及ぼす就業規則の作成又は変更については、当該条項が、そのような不利益を労働者に法的に受忍させることを許容できるだけの高度の必要性に基づいた合理的な内容のものである場合において、その効力を生ずるものというべきである」（大曲農協事件・最三小判昭和63.2.16）と解されています。

4．賞与の権利性と減額

　日本の大学では、夏と冬の年2回、あるいは年度末も含めた年3回の賞与（ボーナスや一時金等、その呼び方は多様です）の支払いが通例です。賞与は、江戸時代の商家で、基本的には無給であった丁稚や手代に対し、夏の藪入りの際のお小遣いやお仕着せ、年末の掛け払いのための餅代を渡したことを起源とし、明治以降支給が拡大しましたが、当初は功労報奨的性格が強く、金額も大きなものではありませんでした。

　しかし、1960年代のインフレと労働運動の結果として、生活保障ならびに賃金引上げの代替としての性格が強くなり、現在では9割弱の企業で、平均して給与の5か月分弱の賞与が支払われています（厚生労働省「平成28年賃金引上げ等の実態に関する調査」、日本経済団体連合会「2015年夏季・冬季賞与・一時金調査結果」）。欧米では、1ヵ月分未満とされていることに比べると大きなものとなっているため、使用者は賞与を削減しようとし、争いになります。

　賞与の支給を受けることは、労働者にとって権利なのでしょうか。まず、支給することが使用者の任意である恩恵的給付なのか、労働基準法の適用がある賃金であるのかが問題となります。労働基準法は、賃金の定義として、賃金や賞与その他の名称の如何を問わず、「労働の対償として使用者が労働者に支払うすべてのものをいう」（11条）としています。賞与が、「労働協約、就業規則、労働契約等によって予め支給条件の明確なもの」（昭和22年9月13日発基第17号）であれば、ここでの賃金にあたることとなります。コンプライアンスの要請から各大学ともに規定の整備が進んでいますので、現在では賞与が恩恵的給付と考えられる場合はほとんどなく、大半が教職員に受給権の認められる賃金であると思われます。

　この場合、次に問題となるのが、一体いくらの賞与が支払われるべきであるのかという問題です。上の諸規定に賞与の額や基本給の何か月分か等を明記している場合には、その金額を受給する、いわば具体的権利性が認められます。したがって、使用者がそれを減額しようとした場合には、前

述の賃金の減額と同じ考え方をすることになります。

しかし実際の規定では、「その都度理事会が定める金額を支給する」あるいは「予算の範囲内で理事長が決定する」、さらにより抽象的に「業績と個人の成績に基づき支給する」や、逆に「業績により支給しないことがある」という形で金額決定に対して使用者の裁量が入る規定となっているものが大半です。この場合に最高裁は、教職員に賞与のいわば抽象的受給権は認めるものの、金額についての具体的権利は使用者の決定がされて初めて発生すると解釈しています（福岡雙葉学園事件・最三小判平成19.12.18）。

この判決自体は疑問ですが、使用者の裁量が実際には行使されていず、一定の支給が労使慣行となっていた場合には、それが労働契約の内容となっているとして、具体的金額の請求が認められる場合があります。例えば、立命館大学の事件では、理事会が一方的に賞与を大幅に減額したことに対して、長期にわたって（地裁認定では7年）労働協約により賞与支給率が一定に定まっていた場合、この点についての労働協約が締結されなくなったとしても、労働契約上、一定の支給比率が労使で合意されていたとして、減額分の請求を認容しました（京都地判平成24.3.29）。実際に使用者が裁量を行使している場合にも、その裁量の行使が適正であることが求められますし、個人の成績評価を実際に反映させている場合には、後述のようにその査定が適正であることが求められます。

5．退職金

退職金制度は、明治期に工業化を急速に推進することを動因として、労働能力の養成と蓄積を図るための定雇制度の一環として導入され、そのために勤続年数に応じて支給するという形態をとることとなっている、日本特有の制度です。その後、老後の生活保障と労働者の囲い込み、さらには労働運動の成果のために、拡大してきましたが、高度成長期には企業が退職金負担を軽減するとともに、平準化することを目的として年金化を進めました。現在では、全企業の4分の3以上に、中規模以上企業では9割以

上に制度として存在しており、中規模以上でみると、退職一時金としてのみ制度があるものが３割、退職年金のみが３割弱、両制度併用が４割強となっています（厚生労働省「平成25年就労条件総合調査」）。中規模以上では約７割の企業に退職年金があるのですが、その内訳は、公的年金部分の代行も含んだ厚生年金基金が約２割、公的年金に上乗せし給付額が確定している確定給付型年金が約６割、企業からの拠出額を一定にし、その運用によって実際の給付額が変動する確定拠出型年金（企業型）が約５割、自社年金が若干となっています。近年では、企業負担の軽減のために、退職年金の見直しが議論となっています。

　退職金が労働基準法上の賃金にあたるか否かは、賞与と同様に「労働協約、就業規則、労働契約等によって予め支給条件の明確なもの」（昭和22.9.13発基第17号）であれば、賃金に当たることとなり、賃金支払いと同様の法規制を受けます。ただし、労働者本人が死亡した場合、賃金は当然に相続財産に含まれますが、死亡退職金については、受給権者は当該企業の規定に定められた者であり、相続財産には属さないと最高裁は判断しています（日本貿易振興会事件・最一小版昭和55.11.27）。

　退職一時金の減額については、賃金の引き下げと同様に考えられます。しかし、退職年金については、支給開始以降に経営環境や資金運用環境の変化が考えられるため、廃止や減額の可否が議論となります。まず自社年金の場合、現役の労働者に対して将来の退職年金を減額することは、就業規則の不利益変更の問題となります（第４章参照）。

　すでに受給している者に対して減額することは、企業と受給者との間で、退職時の労働協約や就業規則を踏まえて締結された年金契約の変更と扱われます。したがって原則としては、企業が一方的に廃止や減額することはできません。金融再生法によって破綻処理された銀行であっても、年金が退職金の一部であり賃金の性格を有するとして、支給打ち切りは違法・無効であると判断されています（幸福銀行事件・大阪地判平成12.12.20）。

　問題となるのは、年金契約の中に給付内容を変更する権限を企業に認める規定が含まれていた場合です。この場合、裁判所は改定内容の相当性と

改定手続きの相当性から判断しています（早稲田大学事件・東京高判平成21.10.29）。次に、厚生年金基金や確定給付年金の場合には、給付の減額のためには、規約変更について行政庁の許可あるいは承認が必要であり、それを得るためには、減額がやむをえないこと、加入者の3分の1以上で組織する労働組合があるときは当該労働組合の同意、加入者の3分の2以上の同意を得ることが必要です。許可あるいは承認があったとしても、それが加入者を拘束するのかについては、現役労働者の場合は就業規則の変更と、退職後の受給者の場合には自社年金の減額と、それぞれ同様の考え方がとられるべきでしょう。

　2017年1月より、これまでは加入できなかった公務員や私学の共済組合員も個人型確定拠出年金に加入できるようになりました。加入者からの掛け金には拠出限度額が定められていますが、企業型確定拠出年金に加入していれば、それへの拠出と合算して限度額が多くなります。これを理由として、大学においても企業型確定拠出年金を実施しようとする動きがみられます。確かに、個人型確定拠出年金は、掛け金等が税制上優遇されており、また、拠出額が多いほど、運用益や給付も多くなる可能性があり、支払う手数料の占める割合も相対的に低下します。

　しかし、公的年金の給付水準が低い中で、退職年金は退職後の生活を支えるものとなっており、その水準が大きく変動するのでは退職後の生活が不安定になります。また、運用リスクがある、標準報酬月額等級が低い場合には保険料軽減にともない保険給付等が減少する可能性がある、運用の専門家ではない加入者に対する教育やアドバイスが必須である、大学を移った場合に異動先に企業型確定拠出年金がないと個人型に統合され掛け金も多くなる、優遇税制が変更される危険がある、非正規雇用者との格差がある、などの具体的な問題点も考えられますので、導入には慎重な検討が必要です。

6．人事考課・査定

　戦後、賃金制度は年齢から決定される本人給と家族数から決定される家族給を合わせた生活給を基礎に、職位と学歴から決定される能力給、勤続年数にもとづく勤続給を加えて基本賃金を算定するという、いわゆる電産型賃金制度から出発しました。これは家族が生活できる賃金との考え方であり現在にまで影響を及ぼしています。その一方で、使用者からの人事考課・査定を可能な限り排除し、客観的に賃金を算定しようとするものでもありました。

　この中で、年齢と勤続年数を基礎として賃金を算定していく年功賃金の考え方が定着していきました。これは、技術革新に対応できる熟練者を企業内で養成するという企業方針のもと、勤続により熟練が進み能力が高くなるとの考えが基礎になっています。そのため、非熟練者である若年者の給与を低くするとともに勤続により定期昇給させ、熟練者は企業内で囲い込むことを内容とするものでした。実際に適用されたのは大企業の基幹労働者のみであり、現場労働者、非正規労働者、女性労働者、中小企業などは別の賃金体系でしたが、高度経済成長を支えたものとして、1972年にOECD報告書が、終身雇用制・企業内組合と合わせて「三種の神器」と呼びました。

　それに対して、伝統的な熟練では対応できない技術革新、国際競争の激化などから賃金コストを抑制するとともに労働者の能力向上をはかることが必要となり、1970年代から、いわゆる職能資格制度が拡大することになります。これは、役職などの職位とは別に、職務遂行能力（職能）を（資格）等級に分け、能力に応じて等級を昇格（あるいは降格）させ、その等級に応じて給与や役職が与えられるというものでした。昇格のためには能力査定が重要となりますが、実際には年功的に運用され、チームとして仕事にあたる業務形態であることから企業もこの運用を容認してきました。

　しかし1990年代に入ると、能力主義の実施が強く主張されるようになり、年齢給の廃止・縮小、管理職への成果を基礎とした年俸制の導入、賞

与や退職金への人事考課の反映、などが進められています。人事考課を基礎とした能力主義的な賃金体系を求める意見が労働者からも出されますが、これまで能力主義的人事管理が成功したことはないといわれており、年功賃金を支持する者が76.3％で過去最高となったとの調査結果も発表されました（労働政策研究・研修機構「第7回勤労生活に関する調査（2016年）」）。

　人には好不調の波があり、常に高い能力を発揮することは困難ですが、低い成果となると評価が厳しくなってしまうのではモチベーションが維持できませんし、低い成果の者はそこそこでよいと考えますから、結果として業績全体が低下することになります。

　また、とりわけ大学のような教育の場では、成果の測定はできませんから、いかなる評価指標を作ったとしても疑問が生じます。したがって、高い成果に対する報奨の制度はありえるとしても、人事考課を賃金に反映させることは、とりわけ大学の場では慎重であるべきです。仮に導入する場合には、客観的な評価基準の策定と開示、評価方法の整備、評価結果の開示、評価を処遇に反映させる仕組みの明確化、能力を発揮できる条件整備、不服申立制度の整備、などが必要ですし、労働組合は上の諸点について労働者個人をサポートする仕組みを整備することが必要です。

　能力主義的賃金制度を導入するには就業規則を変更することによりますから、変更が労働者を拘束するためにはそれが合理的であることが求められます（労働契約法10条）。判例は一般に、賃金が不安定となるために労働者にとって不利益な変更であることを認めつつ、時代の要請であることなどを理由として合理的と認める傾向が強いが、特定の労働者を犠牲にしたり、賃金減額となる者への経過措置が取られなかったり、人事考課基準が恣意的であるような場合には合理性を否定していると分析されています（西谷敏『労働法』（第2版、2013年、日本評論社）250頁以下参照）。

　能力主義的賃金制度の導入が合理的であると判断されたとしても、その運用において人事考課が適正に行なわれなければなりません。労働契約にもとづいて働いているのですから、労働契約上の労働条件、その一つとしての賃金も労使合意で決められなければなりません。しかし使用者が最終

的に判断する人事考課にもとづいて賃金が決定されるのであれば、賃金決定が事実上、使用者による一方的決定によることになってしまうのですから、その人事考課が労働者にも「納得できる」ものでなければなりません。

使用者の恣意的な人事考課によって運用された場合に権利濫用を認める判決も出されていますが、そこから進んでさらに、使用者には「公正査定義務」が課せられていると学説は考えています。「公正」と判断されるためには、前述のように、適正な評価基準によって運用されるよう制度設計されていることがまず必要ですが、一人ひとりの労働者の人事考課にあたっては、その労働者が「納得できる」仕組みと運用が必要です。

逆に言えば、いかなる評価基準を作成・運用したとしても、使用者の恣意性を完全に払拭することは不可能ですから、人事考課にもとづく賃金決定が正当性を有するのは、労働者の「納得」がある場合のみだとも考えられます。

第8章 差別の禁止、育児・介護休業制度、ハラスメント

1．性差別等の禁止

(1)平等原則と差別の禁止

　憲法14条1項の法の下の平等の保障を受けて、労働基準法3条は、国籍、信条、社会的身分を理由とする賃金、労働時間その他の労働条件についての差別的取扱を禁止し、違反に対しては刑罰を科しています（労基法119条1号）。

　労働関係における差別禁止については、従前、思想差別や性差別がしばしば問題となってきましたが、近時は、正規労働者と非正規労働者、健常者と障がい者の平等なども重要な課題となっています。

(2)性差別の禁止

　労基法4条は、「女性であることを理由として」、賃金について男性と差別的取扱をしてはならない旨規定しています。

　この「女性であることを理由として」の解釈については、労基法制定時の通達（昭和22・9・13発基17号）では、「労働者が女子であることのみを理由として或は社会的通念として若しくは当該事業場において女子労働者が一般的に又は平均的に能率が悪いこと知能が低いこと勤続年数が低いこと扶養家族が少ないこと等の理由によって女子労働者に対し賃金に差別をつけることは違法であること」とされています。従って、女性は早く会社を辞めるとか、仕事ができないなどの理由で賃金差別することも違法です。

　賃金以外の性差別、例えば結婚退職制や出産退職制、定年年齢差別、昇進・昇格差別等についても、裁判例では違法とされてきましたが、1985年に男女雇用機会均等法が制定され、1997年、2006年の改正を経て、募集、採用、配置、昇進、降格、教育訓練、福利厚生、職種及び雇用形態の変更、退職勧奨、定年、解雇及び労働契約の更新の全てのステージにおける性差別が禁止されるに至りました（同法5～6条）。

　同法は、女性労働者について、婚姻、妊娠、出産を退職理由として定

ることの禁止、婚姻を理由とする解雇の禁止、妊娠・出産・産前産後休業取得を理由とする解雇その他の不利益取り扱いの禁止をも定めるとともに、妊娠中及び出産後１年を経過しない女性労働者の解雇は、事業主が妊娠・出産・産前産後休業の取得を理由とする解雇でないことを立証しない限り無効と定めています（９条）。

さらに同法は、いわゆる間接差別（一見性に関して中立的な基準が設けられていても、実際には一方の性に不利益をもたらす場合）も一定の範囲で禁止しました（７条）。すなわち、①労働者の身長、体重又は体力に関する事由を募集・採用の要件とすること（均等法施行規則２条１号）、②募集、採用、昇進、職種変更に関して、住居の移転を伴う配置転換に応じることを要件とすること（同２条２号）、③昇進にあたって転勤経験を要件とすること（同２条３号）、は合理的な理由がある場合を除いて禁止されます。間接差別にあたる場合をこのように限定列挙している点については批判もあり、労基法４条や民法90条などの弾力的解釈によってこれ以外の間接差別も制限されるというべきでしょう。

同法違反に対して罰則は設けられていませんが、当事者は都道府県労働局に対して解決の援助を求めることができ、この場合、労働局長は、助言、指導、勧告を行なうことができます。また、当事者からの申請があり必要と認めた場合は、紛争調整委員会に調停を行わせることができることになっています。なお、労働者が紛争解決の援助を求めたことや調停の申請をしたことを理由とする不利益な取り扱いは禁止されています。

(3)パート法による差別の禁止

パートタイム労働法（以下「パート法」）は、「１週間の所定労働時間が同一の事業所に雇用される通常の労働者の１週間の所定労働時間に比し短い労働者」を「短時間労働者」として、通常の労働者と同視すべき短時間労働者に対しては差別的取扱いを禁止しました（９条）。しかし、その他の短時間労働者に対しては、均衡を考慮した賃金や教育訓練の努力義務を課しているにとどまっています。

通常の労働者より週の所定労働時間が少しでも短ければ、「パートタイ

マー」「アルバイト」「嘱託」「契約社員」「臨時社員」「準社員」などの呼び方を問わず、全て短時間労働者として同法が適用されます。他方、「パートタイマー」などと呼ばれていても、週の所定労働時間が通常の労働者と同じであれば、同法が適用される短時間労働者には該当しません。

　パート法9条の「通常の労働者と同視すべき短時間労働者」とは、①職務の内容が通常の労働者と同一であること、②全雇用期間において職務内容及び配置の変更の範囲が通常の労働者と同一と見込まれること、の2要件を充たす者を言います。これに該当する短時間労働者に対しては、賃金の決定、教育訓練の実施、福利厚生施設の利用その他の待遇について、差別的取扱いをしてはならないとされています。

(4)有期雇用労働者に対する不合理な労働条件の禁止

　労働契約法20条は、有期雇用労働者と無期雇用労働者との間で、不合理な労働条件の相違を違法としました。同条の要件は以下のとおりです。
①同一の使用者に雇われている有期雇用労働者と無期雇用労働者との間で労働条件に相違があること
②その労働条件の相違が、(ⅰ)労働者の業務の内容及び当該業務に伴う責任の程度（＝職務の内容）、(ⅱ)当該職務の内容及び配置の変更の範囲、(ⅲ)その他の事情を考慮して、不合理と認められること
　①の要件にいう「労働条件」とは、賃金や労働時間等の狭義の労働条件のみならず、災害補償、服務規律、教育訓練、福利厚生等、労働契約の内容となっている待遇全般を含むと解されています。

(5)障がい者雇用促進法による差別禁止

　障がい者雇用促進法は、事業主が、募集や採用について、障がい者に対して、障がい者でない者と均等な機会を与えなければならないと定めるとともに（34条）、賃金の決定・教育訓練の実施・福利厚生施設の利用その他の待遇について、障がい者であることを理由に差別的取扱いをしてはならないと定めています（35条）。

　そして、差別禁止に関し、事業主が適切に対処するための指針を定める

こととして（36条）、差別禁止指針（平成27年厚労省告示116号）が策定され、募集、採用、賃金、昇進、教育訓練などの雇用に関するあらゆる局面で、①障がい者であることを理由に対象から外したり、②障がい者に対してのみ不利な条件を付ける、③障がい者でない者を優先する等を差別の例としてあげています。その上で、障がい者への合理的配慮の提供が事業主に義務付けられています。障がい者とは、身体障害、知的障害、精神障害（発達障害を含む）その他の心身の機能に障害があるため、長期にわたり職業生活に相当の制限を受け、または職業生活を営むことが著しく困難な者であり、障害者手帳を持っている者に限定されません。障がいには見た目からはわからないものもあり、必要な配慮がわからない場合もありますし、発達障害の場合には、本人が受容できていない場合もありますから、障がい者と事業主が十分にコミュニケーションをとることが必要です。

2．女性労働者の保護

(1)産前・産後休業

　労基法上、産前6週間（多胎妊娠の場合は14週間）、産後8週間の産前産後休業が保障されています（労基法65条1項、2項）。産前6週間は自然の分娩予定日、産後8週間は現実の分娩日を基準に計算され、出産当日は産前に含まれます。予定日より出産が遅れ、産前休業が8週間以上となっても、産後休業がその分短縮されることはありません。

　産前休業の取得には本人の請求が必要ですので、本人が希望すれば出産前日まで働くことはできます。しかし、母体と胎児の安全のため、また大学としても急な事態となると講義に支障がでるため、休業が望ましいと考えられます。安心して休業できるために、とりわけ非専任教員の場合、契約の継続と休業中の賃金が保障されることが必要です。

　産後休業は請求がなくとも就業させてはなりません。ただし、産後6週間を経過した場合には、本人の請求があり、かつ医師が支障がないと認めた業務に就くことは可能です（同法65条2項）。

　出産とは、妊娠4ヵ月以上（1ヵ月を28日として計算するので85日以上）

の分娩をいい、正常分娩のみならず死産を含むと解されています（昭和23.12.23基発第1885号）。従って妊娠4ヵ月以上経過後に人工妊娠中絶した場合でも、中絶後8週の産後休業は取得できますが、中絶前6週間の産前休業は取得できません（昭和26.4.2婦発113号）。

産前産後休業中の賃金について労基法に定めはありませんが、私学共済に加入していれば、出産日（出産日が予定日後のときは出産予定日）以前42日（多胎妊娠の場合は98日）から出産日後56日までの間で休んだ期間、1日につき、支給開始日の属する月以前の12ヵ月間の標準報酬月額の平均額の22分の1相当額の80％から、学校法人から支払われた報酬を差し引いた金額が支払われます。

(2)妊産婦の軽易業務への転換等

使用者は、妊娠中の女性が請求した場合には、他の軽易な業務に転換させなければならず（労基法65条3項）、妊産婦の妊娠、出産、哺育（ほいく）等に有害な業務に就かせてはなりません（同法64条の3）。また、妊産婦が請求した場合、時間外・休日労働や深夜労働をさせてはなりません（同法66条）。

また均等法では、女性が保健指導または健康診査を受けるために必要な時間を確保する義務を使用者に課し、勤務時間の変更、勤務の軽減等の措置を講じなければならないとしています（12条、13条）。妊娠23週までは4週に1回、24週から35週までは2週に1回、36週から出産までは週に1回、出産後1年以内は医師や助産師の指示した回数により、通院休暇が取得できます。

(3)生理休暇

使用者は、生理日の就業が著しく困難な女性が休暇を請求したときは、就業させてはなりません（労基法68条）。生理日の就業が著しく困難であることの証明のために、医師の診断書の提出等の厳格な証明を求めることは制度の趣旨を没却するもので許されないと解されています（昭和63.3.14基発150号）。生理休暇中の賃金について労基法に定めはありませんが、労

働協約や就業規則などで賃金保障をかちとることが求められます。

(4)育児時間

　生後満1年に達しない子を育てる女性は、通常の休憩時間以外に、1日2回、各々少なくとも30分、育児時間を請求できます（労基法67条）。これは1回にまとめて1時間を取得することもできますし、勤務時間の最初又は最後に取得して、出勤を遅らせたり早めに退勤することもできます。

3．育児休業制度

　今日の少子高齢化の下で、仕事と子育て・介護との両立を制度的に保障し、ワーク・ライフ・バランスを実現していくことが喫緊の課題です。そのような観点から、1991年に育児・介護休業法が制定されましたが、その後の法改正によって、無期雇用労働者だけでなく有期雇用労働者にも拡大されました。休業期間も子が1歳になるまでであったのが、保育所に入所できない場合や父親も休業する場合には期間が延長され、3歳までの子育て期間中での短時間勤務が義務化されるとともに所定外労働も免除されることになりました。また、小学校入学までは時間外労働や深夜業が制限されるとともに、子の看護休暇がとれるようになりました。

(1)育児休業制度

　育児休業とは、労働者が原則としてその1歳未満の子を養育するために取得する休業であり、事業主は労働者からの休業の申出を拒むことができないものです。対象労働者は、男女を問わず、日々雇用される者を除いて有期雇用の者も含まれます。有期雇用労働者は、①同一の事業主に引き続き雇用された期間が1年以上であり、②子が1歳6ヵ月になるまでの間に雇用契約がなくなることが明らかでないことの2要件をみたす必要があります。形式上、有期雇用であっても、何度も反復更新されるなどにより実質的に期間の定めのない契約と異ならない状態となっている場合は、上記の①②に該当するか否かにかかわらず、育児休業の対象となります。ただ

し、休業の申出の日から1年以内に雇用関係が終了することが明らかな場合や、所定労働日数が週2日以下の場合には、労使協定で対象外にできるとされています。

対象となる子は、当該労働者の子で、実子のみならず養子も含まれます。孫は含まれませんが、孫が傷病の場合、介護休業の対象にはなります。

休業の期間は、原則として1人の子につき1回であり、子が出生した日から子が1歳に達する日（誕生日の前日）までの労働者が申し出た期間です。女性労働者は産後8週間の産後休業が認められるので、育休は産後休業終了後に取得することになります。分割取得について厚生労働省は検討を始めていますし、大企業では認める事例も登場しており、学内規定によって認めることは可能ですが、育児休業給付金が支給されない等の課題があります。

同じ子について、両親ともに育児休業を取得する場合は、特例として子が1歳2ヵ月に達するまで育児休業を取得することができます（パパ・ママ育休プラス）。また、子が1歳（又は1歳6ヵ月）に達する日に育休を取得している場合で、1歳（又は1歳6ヵ月）に達する日以後、保育所等における保育の申込を行なっているのにその目処が立っていない場合などには、子が1歳6ヵ月（又は2歳）に達するまで育児休業を延長することができます。これらの延長制度の詳細は、やや複雑なので組合や弁護士等にご相談下さい。

(2) 育児休業中の所得保障

育休中は、給与は支給されませんが、雇用保険から育児休業給付金が支給されます。給付額は、育休開始から180日までが、休業開始時賃金日額×支給日数×67％、181日目以降は、休業開始時賃金日額×支給日数×50％です。支給期間は、原則として子が1歳に達する日までですが、「パパ・ママ育休プラス」で1歳2ヵ月に達する日まで、又は保育所に入所できない等の理由で1歳6ヵ月（更には2歳）までの育休が認められている場合は、その期間満了までです。また、育休中は社会保険料が免除されます。

(3) 3歳未満の子を養育する労働者を対象とする制度

◆短時間勤務等

　現に育休を取得していない労働者（1日の所定労働時間が6時間以下の者を除く）が申し出をした場合、短時間勤務制度（1日の所定労働時間を6時間とする措置）を実施するか、短時間勤務制度が困難と認められる業務に従事しており、労使協定により適用除外とされた場合には、始業・終業時刻の繰上・繰下、事業場内保育施設の設置等の代替措置を講じなければなりません。

◆所定外労働の禁止

　労働者が所定外労働の免除を請求した場合、事業主は所定労働時間を超えて労働させてはなりません。この請求は何回もできます。

(4) 小学校就学前の子を養育する労働者を対象とする制度

◆看護休暇

　労働者は、1年に5日まで子の看護のための休暇を1日単位又は半日単位で取得できます。休暇が取得できる負傷や疾病の種類、程度に制限はありません。

◆時間外労働等の制限

　事業主は労働者の請求により、月24時間、年150時間を超える時間外労働や深夜労働（22時～5時）をさせてはいけません。

(5) 不利益取扱いの禁止

　育児休業、短時間勤務等、所定外労働の免除、子の看護休暇、時間外労働の制限などについて、申出等を行わない又は取得等をしたことを理由とする解雇その他の不利益取扱いは禁止されています。

4．介護休業制度

(1)介護休業制度の概要

　介護休業とは、労働者が、その要介護状態（負傷、疾病または身体上もしくは精神上の障害により2週間以上にわたり常時介護を要する状態）にある対象家族を介護するために取得する休業であり、事業主は労働者からの休業の申出を拒むことはできません。

　対象労働者は、要介護状態にある家族を介護する労働者です。男女を問わず、日々雇用の者を除いて有期雇用の者も含まれます。有期雇用労働者は、申出時点で、①同一の事業主に引き続き雇用された期間が1年以上であり、②介護休業取得開始予定日から起算して93日を経過する日から6ヵ月を経過する日までの間に、労働契約の期間が満了することが明らかでないことの2要件をみたす必要があります。

　形式上、有期雇用であっても、何度も反復更新されるなどにより実質的に期間の定めのない契約と異ならない状態となっている場合には、上記の①②に該当するか否かにかかわらず、介護休業の対象となります。ただし、93日以内に雇用関係が終了する場合、所定労働日数が週2日以下の場合には、労使協定で対象外にできます。

　対象となる家族は、同居・別居を問わず、①配偶者（事実婚も含む）、②父母、③子、④配偶者の父母、⑤祖父母、⑥兄弟姉妹、⑧孫です。また、介護保険上の「要介護認定」を受けていなくても対象となります。

　介護休業の回数・期間は、対象家族1人につき要介護状態に至る毎に3回、通算93日までです。

(2)介護休業中の所得保障

　休業中の賃金について法に規定はありませんが、雇用保険の一般被保険者であって、介護休業開始日前2年間に賃金支払基礎日数が11日以上ある月が通算して12ヵ月以上ある方には、雇用保険から介護休業給付金が支給されます。給付額は、原則として休業開始時賃金日額×支給日数×67％で

す。但し、休業期間中に事業主から休業開始前の賃金額の80％以上を支給されている方は対象外となります。

(3) 介護休暇制度

　介護休暇制度とは、要介護状態にある対象家族の介護その他の世話を行なうために、1年に5日まで（対象家族が2人以上の場合は10日まで）、休暇を取得できる制度で半日単位でも取得できます。介護休暇を取得できる労働者の範囲は介護休業と同じです。

(4) 短時間勤務等

　対象家族を介護する労働者（日々雇用の場合を除く）であって介護休業をしていない者が申出をした場合、対象家族1人につき、連続する3年以上の期間、2回以上の利用ができる措置として、短時間勤務制度（所定労働時間の短縮措置。育児短時間勤務と異なり1日6時間という定めはないものの、8時間労働の場合は2時間以上の短縮が望ましいとされています）、フレックスタイム制、始業・終業時刻の繰上・繰下、介護費用の助成のいずれかの措置を講じなければなりません。

(5) 時間外労働等の制限

　対象家族を介護する労働者が請求した場合、月24時間、年150時間を超える時間外労働や深夜労働（22時〜5時）をさせてはなりません。この請求は何回もすることができます。但し、事業の正常な運営を妨げる場合には、事業主は請求を拒むことができるとされています。

(6) 不利益取扱いの禁止

　介護休業、介護休暇、短時間勤務等、時間外・深夜労働の制限などについて、申出等を行ない又は取得等をしたことを理由とする解雇その他の不利益取扱いは禁止されています。

5. ハラスメント

　ハラスメントとは、本人の意に反してその人格を傷つける言動をさし、本人の自己決定権を侵害するものであり、労働の場では働く権利の、教育の場では学ぶ権利をそれぞれ侵害するものです。現実的な不利益が生じたか否かは関係ありません。また職場で起きたハラスメントについて、使用者は、良好な職場環境を保持する義務を負うと考えられていますので、その違反を問われることになります。ハラスメントは、その性質によって様々なものがあり、複数の性質が重複していることも多くみられます。性的な言動によるものをセクシュアル・ハラスメント（セクハラ）、職務上の優位的立場にもとづくものをパワー・ハラスメント（パワハラ）、教育研究上の優位的立場にもとづくものをアカデミック・ハラスメント（アカハラ）とよび、現在の大学における申し立てではこの三者が代表的です。近年では、セクハラよりパワハラやアカハラの比重が大きくなっていますが、セクハラについてもLGBTを理由とするハラスメントなどはまだ顕在化できていないと考えられます。これら以外にも、人種や国籍を理由とするレイシャル・ハラスメント（ヘイト・スピーチとしても問題となります）、人前で喫煙するスモーク・ハラスメントなども起こっています。

　ハラスメントを明文でかつ包括的に禁止する法律はなく、立法措置が求められます。しかしハラスメントは、憲法13条の幸福追求権、25条の生存権、26条の教育を受ける権利、27条の勤労権を侵害する行為であり、はなはだしい場合には、刑法の、わいせつ関連の罪、傷害・暴行・脅迫・強要・脅迫・名誉棄損などの罪に問われますし、民事上も、不法行為による損害賠償、使用者に対しては不法行為の使用者責任、あるいは労働契約違反として債務不履行の責任を問うことができます。また、ハラスメント行為の差止請求も可能です。均等法によってセクハラについて使用者が対処する義務を課せられていることから、大学においてもセクハラに対処する規定が整備され、その後、多くの大学でセクハラにとどまらずハラスメント全体に対処する規定となっています。その場合には被害者は大学の機関にハラスメントの救済を申し立てることができ、加害者に対する改善の指導が

されるとともに、場合によって加害者は懲戒処分の対象ともなります。さらに、職場でのハラスメントによって、傷害・疾病・精神疾患を被った場合には、労災補償の対象ともなります。

6．セクハラ

(1)セクハラとは何か

　セクシュアル・ハラスメント（セクハラ）とは、相手の意に反する性的言動をいいます。男性の上司・同僚が女性に対して行なう場合もあれば、その逆もありますし、同性同士でもありえます。

　さらに、旧来の男性・女性という固定概念ではない、LGBTを理由としたハラスメントも含まれます。LGBTとは、直接的には、レズビアン・ゲイ・バイセクシュアル・トランスジェンダーを指しますが、それにとどまらず、性的指向・性自認などについて多様な性のあり方を包括する概念として使われます（その意味で近年では、SOGI：sexual orientation and gender identityの用語も用いられます）。

　セクハラには「対価型」と「環境型」がある、とする誤解がかつて見られましたが、現在でも残っています。この分類は均等法11条によるもので、「対価型」とは労働条件に不利益を受けるもので、たとえば性的関係を要求して拒否されたため解雇したような場合、「環境型」とは就業環境が不快となり就業上での支障が生じるもので、たとえば体を触られたため就業意欲が低下したり、ヌードポスターが掲示されたため業務に専念できなくなった場合、と説明されます。いずれも就業に看過できない程度の支障が生じることを要件としていますが、これは、均等法11条が事業主に対して適切な雇用管理を義務付ける規定であり、それは労働者を懲戒処分することにつながるものであるため、対象を限定しているものと理解されています。したがって、セクハラはこれらの「型」に限定されるものではありません。

(2)**加害者の法的責任**

　セクハラは、労働者の人格権を侵害する行為です。まず、刑事責任に問われることがあります。5．ハラスメントであげた刑法上の罪以外にも、のぞき行為などは軽犯罪法、痴漢行為は迷惑防止条例、ストーカー行為はストーカー規制法の違反になる場合があります。また、加害者は不法行為として損害賠償の責任（民法709条）を負います。社会通念上、許容限度を超える場合、その認定は、行為態様、反復継続性、相手の被害や不快感の程度、行為の目的・時刻・場所、当事者間の職務上の地位・関係などを考慮して判断されます。さらに、各大学のハラスメント防止規程にもとづき、懲戒処分などを受ける可能性があります。

(3)**大学の法的責任**

　使用する労働者が職務遂行中にセクハラにより第三者に損害を与えた場合には、学校法人が使用者責任（民法715条）を負うこともあります。加害者が理事などの役員である場合は、一般法人法78条により学校法人が不法行為責任を負います。上司・同僚などの職員間での行為の場合は、職務との関連性が問題ですが、職場外や時間外でも職場の上下関係が維持されるのが通例ですし、例えば飲み会やカラオケなどの私的な付き合いも事実上断れないことが多くあります。そうした場面で被害が生じた場合は、職務関連性が認められるべきでしょう。

　使用者には、セクハラなどの人格権侵害が生じないよう職場環境を整える義務（職場環境配慮義務）がありますから、雇用する労働者が職場で被害を受けた場合には、労働契約違反として損害賠償の責任を負います。また、均等法は、事業主に対し、セクハラについて労働者からの相談に応じ、適切に対応するために必要な体制の整備その他の雇用管理上必要な措置を講じることを義務付けています（均等法11条）。従って、法人が被害者からセクハラの相談を受けたのに適切に対応しなかった場合も違法となる場合があります。2017年に文部科学省「いじめ防止等のための基本的な指針」に性的マイノリティの生徒への配慮を盛り込んでいるように、LGBTを理

由としたハラスメントへの対処も求められます。

(4)セクハラへの対処方法

　セクハラに対しては、我慢したり婉曲に伝えるのではなく、はっきりと拒絶の意思を示すことも大切です。しかし、被害者が一人で拒絶したり、抗議するのは困難なことです。また、二次被害の危険もあります。そこで、労働組合に相談するなどして、職場全体の問題として取り組むことが望まれます。

　職場のセクハラによってうつ病などの精神障害を発症した場合は、労災の申請が可能です。申請にあたっては、セクハラ行為の具体的な証拠が必要です。写真や録音のほか、時・場所・出来事に関して、できる限り詳しくメモを残すなどしておきましょう。

7．パワハラ

(1)パワハラとは何か

　職場におけるいじめ・嫌がらせなどのパワー・ハラスメント（パワハラ）が、近年激増しています。厚労省の「職場のいじめ・嫌がらせ問題に関する円卓会議ワーキング・グループ」報告は、職場のパワーハラスメントを「同じ職場で働く者に対して、職務上の地位や人間関係などの職場内の優位性（上司から部下に行なわれるものだけでなく、先輩・後輩間や同僚間、さらには部下から上司に対して様々な優位性を背景に行なわれるものも含まれる）を背景に、業務の適正な範囲を超えて、精神的・身体的苦痛を与える又は職場環境を悪化させる行為」と定義し、その類型として以下の6つを挙げています。①身体的な攻撃（暴行・傷害）、②精神的な攻撃（脅迫・暴言等）、③人間関係からの切り離し（隔離・仲間外し・無視）、④過大な要求（業務上明らかに不要なことや遂行不可能なことの強制、仕事の妨害）、⑤過小な要求（業務上の合理性なく、能力や経験とかけ離れた程度の低い仕事を命じることや仕事を与えないこと）、⑥個の侵害（私的なことに過度に立ち入ること）。ただし、これらはすべてを網羅するものでは

なく、これら以外にも、⑦業務上明らかに合理性のない配置転換、出向、転籍、降格、懲戒処分等、⑧退職勧奨に応じない労働者への退職強要等が、パワハラにあたるとされる場合もあります。

こうしたハラスメントは、大学等において教職員間や対学生と間においても生じており、アカデミックハラスメント（アカハラ）と呼ばれています。

(2)パワハラと適法な指導との限界

上司が部下を指導したり注意すること自体は、職務の円滑な遂行のために適正な範囲であれば許容されますが、適正な範囲を超えていれば、パワハラにあたります。いかなる行為が違法となるかは、行為の態様、反復継続性、それが行われた状況、業務上の必要性、被害の内容・程度等を総合的に考慮して、ケースバイケースで判断されることになります。

上司の部下に対する叱責が適法な指導か、パワハラかが問題になった裁判例として、「やる気がないなら会社を辞めるべき」「あなたの給料で業務職が何人雇えると思いますか」などのメールが不法行為にあたるとされた事例（A保険会社上司事件・東京高判平成17.4.20）、「主任失格」「おまえなんか、いてもいなくても同じだ」等の上司の発言と長時間勤務が相俟って、うつ病を発症した労働者が自殺した件で労災が認定された事例（名古屋南労基署長（中部電力）事件・名古屋高判平成19.10.31）、ミスを繰り返す部下に対し「新入社員以下だ、もう任せられない」「何で分からない。お前は馬鹿」等の上司の発言に起因して、うつ病となり休業を余儀なくさせたことが不法行為にあたるとされた事例（サントリーホールディングス事件・東京高判平成27.1.28）等があります。

(3)パワハラの法的責任

こうした行為は、労働者の生命・身体の安全、名誉権、人格権等を侵害する不法行為となるため、被害者は加害者に対して損害賠償を請求できるほか、行為の差し止めを求めることもできます。また、大学のハラスメント防止規程にもとづいて、申し立て等もできます。

学校法人は、安全配慮義務（労働契約法5条）を負うほか、近年は使用者の「パワハラ防止義務」を正面から認める裁判例も増えています（さいたま地判平成16.9.24、津地判平成21.2.19）。パワハラが業務と関連してなされた場合には、使用者責任も生じます。パワハラが原因で心身の健康を害した場合には、労災申請を行なうこともできます。

(4)パワハラへの対処法

パワハラ被害を受けている場合、まずその事実を証明するために証拠を残すことが重要です。録音やメール等の保存、出来事について詳しいメモを残す、体調を崩した場合は医療機関を受診して、カルテや診断書を取り寄せるなどの方法が考えられます。

パワハラ被害者が、対加害者の個人的な関係で解決することは難しいので、職場の相談窓口や労働組合などに相談し、職場全体の取り組みにすることが重要です。

また、学校法人としては、組織のトップがパワーハラスメントを許さないというメッセージを明確に発信すること、相談や解決の場を設置する、パワハラ防止のための研修を実施する等の対策を講じることが求められます。

8．マタハラ・パタハラ

(1)マタハラとは何か

マタニティ・ハラスメント（マタハラ）とは、女性の妊娠・出産・育児を理由とした不利益取り扱いや嫌がらせを意味します。嫌がらせのうちで、事業主が対処を義務付けられているものとして厚生労働省は、産前休業その他の妊娠又は出産に関する制度又は措置の利用に関する言動により就業環境が害されるもの（制度等の利用への嫌がらせ型）、妊娠・出産その他の妊娠又は出産に関する言動により就業環境が害されるもの（状態への嫌がらせ型）をあげています。2015年の厚生労働省調査によれば、女性正社員の21.8％、女性派遣労働者の48.7％がマタハラ被害の経験があると

回答しています。

制度等の利用への嫌がらせ型の典型的な例としては、制度利用の相談・請求・利用により上司が当該女性労働者に解雇その他不利益な取り扱いを示唆すること、上司や同僚が制度利用しないように言うこと、があげられています。また、状態への嫌がらせ型の典型的な例としては、妊娠等したことに対して解雇その他不利益な取り扱いを示唆すること、妊娠等したことにより上司や同僚が繰り返し継続的に嫌がらせ等をすること、があげられています。ただし、セクハラの項で述べた通り、これらは事業主に対処を義務付けているものとして挙げられているため、「客観的にみて、言動を受けた女性労働者の能力の発揮や継続就業に重大な悪影響が生じる等当該女性労働者が就業する上で看過できない程度の支障が生じるようなもの」であることが求められていますので、マタハラとしての嫌がらせはこれらに限定されるものではありません。

(2) マタハラの法的責任

理学療法士の女性が、妊娠中の軽易業務への転換にともなって降格され、育休からの復帰後も元の地位に戻れなかったという事案について、広島中央保健生協病院事件（最一小判平成26.10.23）では、妊娠、出産、産前産後休業、軽易業務への転換等を理由とする不利益取扱いを禁止する均等法9条3項は強行規定であり、同項違反の取扱いは違法無効とした上で、妊娠中の軽易業務への転換を「契機として」降格されたときは原則として違法な不利益取扱いとなるとしました。

これまで、妊娠・出産等を「理由として」不利益取扱いがなされたことを労働者側が立証することの困難さゆえに救済が阻まれてきましたが、最高裁が「契機として」という基準を立てて、立証責任を使用者側に転換したことは注目されます。

この判決を踏まえて、厚生労働省は、妊娠・出産等の事由を「契機として」不利益取扱いが行われた場合は原則として妊娠・出産等を理由として不利益取扱いがなされたと解するべきであるとする通達を出しました（平成27.1.23雇児発0123第1号）。「契機として」いるか否かは、時間的近接性

によって判断されます。つまり、マタハラによる不利益取扱いは、均等法9条3項に違反する行為です。

さらに、マタハラによる嫌がらせについて均等法11条の2が新たに設けられ、2017年1月1日より施行されました。これは、女性労働者の妊娠・出産および関連する制度の利用に関する言動によって、当該女性労働者の就業環境が害されないための必要な措置を事業主に義務付けるものです。ここでの女性労働者には、正社員のみならずパートタイマーなどの非正規労働者、さらには派遣労働者も含まれます。大学においては、労働者だけでなく女子学生や院生も含めた対処を行なうことが必要だと思われます。

したがって、嫌がらせも、女子学生・院生に対する修学環境を害するもの、たとえば教育・研究における指導の拒否なども対象とし、加害者としては指導教員や友人によるものも含むものとすることが必要でしょう。なお、「業務分担や安全配慮等の観点から、客観的にみて、業務上の必要性に基づく言動」、さらに大学においては、教育・研究上の指導としての必要性に基づく言動はマタハラに該当しません。

(3) パタハラ

パタニティー（Paternity）とは、英語で「父性」を意味します。パタニティー・ハラスメント（パタハラ）とは、男性の育児休業取得や、育児短時間勤務の利用等を理由とした不利益取扱いや嫌がらせを意味します。

パタハラが問題になった事件として、医療法人稲門会いわくら病院事件があります。同事件は、男性看護師が育児休業を取得したことを理由に、職能給の昇給が認められず、昇級試験を受ける機会を与えられなかったことが、育児介護休業法10条の不利益取扱いの禁止に違反するか否かが争われた事案です。大阪高裁の判決（平成26.7.18）では「このような取扱いは、人事評価制度の在り方に照らしても合理性を欠くものであるし、育児休業の取得を抑制する働きをするものであるから、育児介護休業法10条に禁止する不利益取扱いに当たり…無効」と結論づけました。同判決は、最高裁でも維持されています（最二小決平成27.12.16）。

9．労働組合の関与

(1) ハラスメント対策への関与

　労働者の雇用と権利を守り、労働条件を改善していくという労働組合の存在意義に照らすと、ハラスメントの予防・被害救済は労働組合の本来的役割であり、積極的な取り組みが期待されます。

　ハラスメントの予防のために、組合として啓蒙活動を行ったり、組合としての相談窓口を設置する等が求められます。また使用者に対して、ハラスメント防止宣言の策定、相談窓口の設置、就業規則等における規定の整備、研修の実施等を求める等も重要です。

　ハラスメントの事後救済の場面では、組合として被害者の相談を聞いて適切な援助を行なう、事実の把握と証拠の保存を行なう、被害者のプライバシー保護と報復防止の措置を講じること等が必要です。

　ハラスメントの被害申出があれば、通常、学校法人は人権委員会、調査委員会等を通じて事実関係の調査を行なうとともに、人事委員会等において何らかの処分を行なうことになるでしょうが、組合としても必要な意見を述べるなどして、調査・処分が適正になされるよう監視することが重要です。場合によっては、個別事案に関しても団体交渉等を通じて、使用者に適切な対応を求めるといったことも考えられます。

(2) 差別禁止・女性労働者保護・育児休業・介護休業等への関与

　これらの分野においては、例えば産前産後休業・育児休業・介護休業中の賃金保障や、短時間勤務の際の賃金保障、等に見られるように、法に規定がない場面が多々あります。

　法に規定がないというのはイコール権利がないということを意味するわけではありません。それは労使の自治に委ねられているということであり、むしろ労働組合が団体交渉等によって上乗せ保障をかちとることが期待されているのです。

　また、有期雇用労働者に対する不合理な差別禁止（労働契約法20条）の

3要件のうち、「その他の事情」には労使慣行が含まれます。すなわち、当該職場において雇用期間の定めの有無を問わず同じ扱いにされていれば、それをことさら別異に扱うことは違法となる可能性が高くなります。

　その意味では、労働組合が団体交渉等によって平等待遇をかちとることは、法の適用場面を拡大することにつながるのです。このことは、性差別における間接差別の禁止（労基法7条）や、パート労働者に対する差別禁止（パート法9条）、障がい者に対する差別の禁止（障がい者雇用促進法35条）等においても同様に考えることができます。法に規定がない場面こそ、労働組合の出番だという気構えが極めて大事なのです。

Column　情報公開を求める権利について

2015年度〜2016年度
京滋私大教連副執行委員長　築地達郎

　急激な情報化の進展に伴って、働く側と雇う側の関係も大きく変容しようとしています。

　ここでは、「個人情報保護法」（個人情報の保護に関する法律）手がかりに、情報化が労使関係に与える影響を考えておくことにしましょう。

　個人情報保護法は、2003年に成立し2005年に全面施行されました。この年代が示すように、その背景にあったのはインターネットやデータベースの急激な普及でした。企業などの事業者が集めた個人情報が漏れ出して被害を与えるようなことが懸念されるようになってきたのです。

　では、労使関係の中で労働者個人に関わる情報の一つである人事考課あるいは人事評価の情報は、個人情報保護法の中でどのように扱われるものなのでしょうか。個人情報保護法第25条1項では次のように定めています。

（開示）個人情報取扱事業者は、本人から、当該本人が識別される保有個人データの開示…（中略）…を求められたときは、本人に対し、政令で定める方法により、遅滞なく、当該保有個人データを開示しなければならない。

　この条文から類推されるのは、学校法人や企業が保有する人事考課情報の労働者本人への開示を求められた場合には当然開示されるべきだということでしょう。しかし、第25条1項には次のような但し書きが添えられています。

　　ただし、開示することにより次の各号のいずれかに該当する場合は、その全部又は一部を開示しないことができる。…（中略）…「二．当該個人情報取扱事業者の業務の適正な実施に著しい支障を及ぼすおそれがある場合」…（後略）。

　経営者側は、この「二」を盾に労働者への開示を拒むことができるという解釈が一般的になっています。そのよりどころとされるのが、個人情報保護法施行前の2000年に旧労働省の研究会が「考え方」をまとめた「労働者の個人情報保護に関

する行動指針」（労働省告示）です。同指針には次のような項目があります。

第3　自己情報の開示等に関する原則
　1．自己情報の開示
　　(2)使用者は、労働者から、自己に関する個人情報について、開示の請求があった場合には、合理的な期間内にこれに応ずる（請求者に関する個人情報が存在しないときはその旨を知らせることを含む。）ものとする。ただし、法令に定めがある場合及び請求があった個人情報が、請求者の評価、選考等に関するものであって、これを開示することにより業務の適正な実施に支障が生ずるおそれがあると認められる場合等には、その全部又は一部に応じないことができるものとする。（下線執筆者）

　この指針は原則開示を定め、例外的に非開示とできると述べているのですが、実際には「業務の適正な実施に支障が生ずるおそれが認められる場合等」を誰がどのように判断するかが書かれていませんでした。ここに、経営側が開示を拒むことができるという論理が発生する余地があったわけです。さらに、前述の「告示」を複数回改正して、現在示されている厚生労働省の「雇用管理分野における個人情報保護に関するガイドライン」では、「開示原則」が後退しています。

第8　保有個人データの開示等に関する義務
　2．保有個人データの開示（法第25条関係）
　　(3)事業者は、労働者等本人から開示を求められた保有個人データについて、あらかじめ労働組合等と必要に応じ協議した上で、その全部又は一部を開示することによりその業務の適正な実施に著しい支障を及ぼすおそれがある場合に該当するとして非開示とすることが想定される保有個人データの開示に関する事項を定め、労働者等に周知させるための措置を講ずるよう努めなければならない。

　つまり、原則は非開示ではあるものの、開示するためのルールを事前に労働組合等（労働組合あるいは過半数代表者）と協議してルールを決めておくことが求められているわけです。労働組合は、人事考課に関する不利益な情報が放置されるようなことがないよう、経営側と緊張感を持って開示ルールを積み上げていくことが求められるようになったといえるでしょう。

労働組合の権利と活動

第9章

1．労働組合の役割と活動

　私たちは職場においていくつかに分かれた部署の一つに所属し、多くの場合上下関係のなかで仕事をしています。このような職場の管理運営上の単位を超えて、職務上のヒエラルキーや雇用管理上の区分とは関係なく、一人の人間として対等な関係で集まり、自分たちの仕事や職場を働く者の視点で考えて、一緒にそれをより良くしていこうとするのが、労働組合の存在意義だと考えられます。

　日本の労働組合の主流は企業別組合であるといわれます。正確には、個人が加入する労働組合（単位組合）が職場を単位として組織されており、単位組合の連合体（連合組合）は多くの場合に職業・産業あるいは地域単位で存在しています。企業別組合（企業内組合）とは別に、最近ではローカルユニオン（企業外組合）の活躍が注目されます。その地域で働くすべての労働者を組織対象にするローカルユニオンですが、企業別組合が多くの場合に正社員中心の組合であるため、実質的にはこれに加入できない非正社員が加入しているのが一般的です。

　労働組合をつくる権利（団結権）は、憲法28条によって保障されています。労働者の人権として団結権が保障されていることは、それぞれが使用者や国から介入を受けずに自由に組織を形成・運営できることを意味します。労働組合は、このような意味で自治をもつとともに（団結自治、組合自治）、組合員（仲間）の範囲を組合規約で自由に定めることができます（ただし、労働組合法5条2項4号参照）。単位組合と連合組合のいずれが使用者と団体交渉を行なうかも、労働組合内の自主的な決定に委ねられます。

　また、それぞれの労働者が団結権を有することは、組合内の民主主義（組合の運営への平等なアクセス保障）と、同じ職場の労働者が別々の労働組合に加入している場合における複数組合間の平等取扱い（団結平等）を要請します。団体交渉権・団体行動権も、憲法28条は労働者個人に保障していますが、これらはその性質上集団的に行使されることが想定されており、その代表が労働組合となります。

結社の自由（憲法21条）では、積極的な結社の自由（結社を形成する自由・加入する自由）とともに、消極的な結社の自由（結社に加入しない自由）が保障されているとされます。それでは、団結権については、積極的な団結権のみならず、消極的な団結権も保障されているといえるでしょうか。最高裁は、「労働組合の組合員は、組合がその目的を達成するために行う団体活動に参加することを予定してこれに加入するものであり、また、これから脱退する自由も認められているのであるから、右目的に即した合理的な範囲において組合の統制に服すべきことは、当然である」としています（国労広島地本事件・最二小判昭和50.11.28）。換言すれば、組合員は組合費を納入したり、組合の決定に違反した場合には組合規約に基づき統制処分を課されたりしますが、そのような負担を課すためには脱退の自由が保障されている必要があることになります。

その一方で、労働組合が使用者との間で、組合員でない労働者を解雇する義務を使用者に負わせる「ユニオンショップ協定」を締結することがあります。最高裁は、「ユニオンショップ協定」が労働組合の組織の拡大強化に寄与する点でその有効性を認めていますが、当該協定締結組合から脱退して別組合に加入した労働者には、その効力は及ばないとしています（三井倉庫港運事件・平成元.12.14）。

要するに、「ユニオンショップ協定」が存在する職場でも、労働者は当該協定締結組合から脱退する自由はあることになりますが、別組合に加入しなければ解雇されることになります。積極的団結権の行使を促す「ユニオンショップ協定」も、積極的団結権で制限されることになりますが（組合選択の自由）、消極的団結権そのものは憲法の団結権保障に含まれないという立場を、最高裁は前提にしていると解さざるをえないでしょう。

いわゆるフリーライダーを防ぐという観点から、ユニオンショップに好意的な意見もありますが、組合に入らないことが解雇されても仕方がないほどのことなのかという疑問が残ります。思想信条を重視すべき大学という場において、説得・納得によらないで加入強制を行なうのが望ましいのかについても、検討を要するように思われます。極論すれば、数においてはかりに少数派となっても、影響力においては多数派であるという労働組

合づくりが望まれると言えます。

２．労働組合の権利

(1)団体交渉

　使用者が応じる限り、労働組合はどのような事項であっても団体交渉を行なうことができます。使用者が応じない場合には、労働組合は争議行為を行なうことで団体交渉を進めることができます。その一方で、使用者の不当労働行為を定める労働組合法７条では、「使用者は、次の各号に掲げる行為をしてはならない」として、「使用者が雇用する労働者の代表者と団体交渉をすることを正当な理由がなくて拒むこと」（２号）を列挙しています。

　当該規定は、団体交渉権を実質的に保障しようとするものとされますが、この法的な仕組みにより使用者が団体交渉を義務付けられている事項を、義務的団交事項といいます。

　近年の裁判例によれば、「団体交渉を申し入れた労働者の団体の構成員たる労働者の労働条件その他の待遇、当該団体と使用者との間の団体的労使関係の運営に関する事項であって、使用者に処分可能なもの」と定義されています（根岸病院事件・東京高判平成19.7.31）。非組合員の労働条件であっても（前掲・根岸病院事件）、あるいは事業の組織再編であっても（プロ野球組織事件・東京高決平成16.9.8）、組合員の労働条件にかかわる限りで義務的団交事項とされます。

　義務的団交事項について、使用者は単に交渉に応じるだけでなく、誠実交渉義務を負うとされます。代表的な裁判例によれば、「誠実交渉義務とは、使用者の団体交渉義務の基本的内容をなすものであり、労働組合の主張に対し誠実に対応することを通じて、合意達成の可能性を模索する義務をいう。すなわち、使用者には、結局において労働組合の要求を拒否する場合でも、その論拠を示すなどして十分な討議を行い、労働組合側の説得に努めるべき義務かある」（倉田学園事件・高松地判昭和62.8.27）とされます。

使用者のいかなる態度が不誠実と評価されるのかは、団体交渉をめぐる諸事情を具体的に考慮して決せられることになります。誠実交渉義務違反とされた例としては、賃上げ交渉において組合の求める経営実態を具体的に示す資料を提供しないこと（東北測量事件・仙台高判平成4.12.28）、利益があがらないとの理由のみで、資料を示さずにゼロ回答に固執すること（大阪特殊精密工業事件・大阪地判昭和55.12.24、京都府医師会事件・東京地判平成11.3.18）、文書交換による主張のやり取りに固執し、直接話し合うのを避けること（清和電器産業事件・最三小判平成5.4.6）、団体交渉の出席人数の制限や交渉開始に至る手続問題などを楯にして、交渉開始を遷延させること（商大八戸ノ里ドライビングスクール事件・最三小判平成元.3.28）、合理性の認められない前提条件を付してそれに固執すること（西岡貞事件・中央労働委員会命令昭和47.9.20）、妥結内容を労働協約にするのを拒否すること（商大八戸ノ里ドライビングスクール事件・大阪地決平成4.12.25）、などが挙げられます。

　組合側の態度も誠実交渉義務の成否を判断する要素となります。裁判例では「合意を求める労働組合の努力に対しては、……誠実な対応を通じて合意達成の可能性を模索する義務がある」とされ（カール・ツアイス事件・東京地判平成元.9.22）、労働組合が「団体交渉の席上で消極的に終始したり、的確な質疑を行なわないときは、交渉は成果を上げることはできず、使用者の誠実、不誠実性も明確にならない」とされています（葦原運輸機工事件・大阪地判昭和53.3.3）。

　労使双方が、当該議題についてそれぞれ自己の主張・提案・説明を尽くして、これ以上交渉を重ねても進展する見込みがなくなった場合には、使用者は交渉を打ち切ることが許されることになります（池田電器事件・最二小判平成4.2.14）。しかし、交渉行詰まりで決裂したときでも、事情の変更によって交渉にあらたな進展が期待できるようになった場合には、使用者は交渉再開に応じる義務があると解されます。

　複数組合が併存する場合、使用者は組合数の多寡を問わず平等に団体交渉権を尊重しなければなりません。最高裁によれば、使用者には平等取扱義務・中立保持義務がある、各組合の組織力・交渉力に応じた合理的・合

目的な対応をすることはこの義務に反せず、使用者が多数組合との合意をもって譲歩の限度とする強い態度を示したとしても、ただちにその交渉態度を非難できない、しかし、「当該交渉事項については既に当該組合に対する団結権の否認ないし同組合に対する嫌悪の意図が決定的動機となって行われた行為があり、当該団体交渉がそのような既成事実を維持するために形式的に行われているものと認められる特段の事情がある場合」には、不当労働行為が成立するとされます（日産自動車事件・最三小判昭和60.4.23）。

また、たとえば賞与引上げ交渉において、使用者が複数組合に同一の差し違え条件を提示し、これを受諾すれば要求に応じると回答して、一方が受諾し、他方が拒否した結果、賞与支給に差が生じた場合にも、ただちに不当労働行為が成立するとはいえないが、差し違え条件を付することに合理性がない場合には、不当労働行為に該当するとされます（「生産性向上に協力する」という差し違え条件について、この理を認めたものとして、日本メールオーダー事件・最三小判昭和59.5.29）。使用者がその望む結果を得るために、団体交渉を操作したといえる特段の事情があるかどうかが鍵といえるでしょう。

私立大学での最近の事例としては、大学側が団交ルールを決定するための事前折衝を団交開催の前置条件とし、それに上部団体の参加を認めないとの回答を行った、さらに、団体交渉は学外で時間は1時間半以内とし、組合側の出席者は同大学教職員のみで参加人数も指定（5人以内など）するなど、団交ルールを一方的に提示するようなケースが散見されますが、いずれも不誠実な対応といえるでしょう。

(2) 労働協約

労働組合法14条は、「労働組合と使用者又はその団体との間の労働条件その他に関する労働協約は、書面に作成し、両当事者が署名し、又は記名押印することによつてその効力を生ずる」と定めています。日本では、労働協約は「労働組合と使用者」との間で締結されるのが一般的です。それでは「その効力」とはどのようなものかですが、同法16条によれば、「労

働協約に定める労働条件その他の労働者の待遇に関する基準に違反する労働契約の部分は、無効とする。この場合において無効となつた部分は、基準の定めるところによる。労働契約に定めがない部分についても、同様とする」と定められています。労働協約の規範的効力といわれるものです（第1章参照）。

　労働協約は、一方では、労働組合と使用者との間での合意であるという点では、契約と同じです。このため、労働組合と使用者との間では契約としての効力をもつことになりますが、これを債務的効力といいます。他方で、その契約は、「労働条件その他の労働者の待遇に関する基準」については、規範としての効力を付与されています。さきほどの義務的団交事項との関係では、「当該団体と使用者との間の団体的労使関係の運営に関する事項」は規範的効力をもたず、債務的効力だけもつことになりますが、労働協約のこのような部分を債務的部分と呼びます。人事に関する組合との協議条項、ユニオンショップ、チェックオフ（組合費の賃金からの天引き）、団体交渉・争議行為・組合活動に関する取り決め、組合事務所・掲示板の貸与などは、債務的部分となります。

　労働協約は、「書面に作成し、両当事者が署名し、又は記名押印する」ことが求められています。このような要式性を課されているのは、規範的効力やさらには一定の要件を満たすことで事業場単位の拡張適用（労働組合法17条）、地域単位の拡張適用（同18条）という特別な効力が労働協約には与えられているので、合意の有無や合意の内容を明確にしておく必要があるためであるとされます（都南自動車教習所事件・最三小判平成13.3.13）。書面に作成されていない、あるいは書面にされているけれども記名押印（日本では署名よりも記名押印の方が一般的です）されていない場合でも、合意の内容が明確であれば規範的効力が認められるべきであるという学説も根強いですが、少なくとも債務的効力は認められるべきでしょう。労働組合と使用者との間の合意内容が明確であれば、たとえば労働条件事項についても、労働組合を組合員の代理であるとして、その効力を組合員本人に帰属させることも可能であると考えられます。

　労働協約が適用されるのは、前述した拡張適用の場合を除いて、当該協

約締結組合の組合員であるとされています。しかし、そもそも企業別に締結される労働協約（企業別協約）では、使用者が締結当事者となるため、労働者の処遇が不利益に変更されるものでない限り、使用者がその使用する労働者に労働組合との妥結内容を適用することまで協約で合意することで、当該組合所属の有無を問わず当該合意内容が遵守されることになります。

　アルバイト学生を組織対象にする労働組合が締結しているシフトの組み方に関する労働協約や、非常勤講師を組織対象とする労働組合が締結している雇い止めのルールに関する労働協約で、このような取り組みの例がみられます。

(3) ストライキ

　ピラミッドをつくっていた人たちが処遇に不満で働くのをやめたのが、記録に残る世界最古のストライキであるといわれます。ストライキは、嫌な労働条件では働かないという点で、「意に反する苦役」の禁止に通じるところがあり（憲法18条）、不満を自由に表現するという点で、「表現の自由」の保障とも同じ根をもちます（同21条）。

　ストライキには、要求の貫徹を目指して期限を設定せずに実施するという、争議行為の本来の形態である「貫徹スト」、労働者の要求を示威するための短時間のストライキである「示威スト」、使用者側に妥協の姿勢が見られない場合に、貫徹ストに突入することを警告するための短時間のストライキである「警告スト」、労災がおこったときなどに抗議して自然発生的に始まる「抗議スト」などの種類があります。

　日本のストライキは、①貫徹ストよりも示威ストが中心で、期間があらかじめ1日、半日、1時間などと設定され、予定された時刻がくれば、要求に対する使用者側の回答如何にかかわらず終了する短期間のストライキが通常です。②その一方で、"walk out"（職場からの退去）よりは"sit down"（職場への滞留、職場占拠）が多くの場合に選択されます。企業別組合は労働市場を統制する力が弱いことから、使用者によるスト破り工作を実力で防ぐためとされます。

③また、単純な労務停止（同盟罷業、狭義のストライキ）だけでなく、スローダウン（怠業）、順法闘争、納金スト、出張拒否、一斉休暇闘争、時間外労働拒否など多彩な戦術が使われ、全面ストのみならず、部分スト、さらには指名ストも行なわれてきました。これはストライキ期間中の賃金カット（ノーワーク・ノーペイ）を最小限にとめることなどがその理由とされます。④ストライキの権利は労働者個人に認められているのですが、労働組合により組織的に行われるのも、日本の特徴といえるでしょう。⑤最後に、なによりも近年におけるストライキの減少を強調しておかなければなりません。労使関係の成熟なのか、労働組合の闘争力の低下なのか、評価は分かれるかもしれませんが、ストライキはオイルショックの年である1974年には9581件を記録しましたが、2016年には66件となっています。

　ストライキ（争議行為）を行なう権利は、憲法28条で保障されている団体行動権に含まれる権利で、同条で保障されている他の権利と同様に、正当なものであれば、刑事免責（労働組合法1条2項参照）、民事免責（同8条）、解雇等の不利益取扱いの禁止（同7条1号）という保護を受けます。ストライキの正当性は、目的と手段・態様の両面から判断されます。目的の点では、団体交渉を促すものであれば正当性が認められるのは争いがありません。議論があるものとしては、立法の改正や政策への批判のために行なわれる「政治スト」があげられます。使用者との団体交渉では解決できない問題であり、正当性がない（使用者は「側杖を食う」ことになるという意味で「側杖」論と言われます）というのが判例の立場です（三菱重工業長崎造船所事件・最二小判平成4.9.25）。

　しかし、労働者の経済的地位の向上に繋がるものであれば、正当性を認めるべきであるというのが多くの学説の見解です。ストライキの目的が複数あり、そのなかの1つに政治目的のものが含まれている場合には、争議行為の実態にもよりますが、全体として正当性は否定されないと解されます。

　ストライキの手段・態様の点では、判例はストライキの本質論といわれるものを展開しています。すなわち、ストライキの本質は、集団的な労務不提供にあり、同盟罷業（完全な不提供）と怠業（部分的な不提供）がそ

の中心で、それに付随して行われるピケッティング（事業場の入口にスクラムを組むなどしてスト破りを入れさせない活動）などは「平和的説得」に限られるとされます（御國ハイヤー事件・最二小判平成4.10.2）。

　この平和的説得論は、憲法上ストライキ権が保障されていないアメリカの判例法理であり、日本では妥当しないというが学説の多数の考え方です。例えば、ストライキ労働者が普段従事している業務を、使用者が別の労働者にさせるためにピケを破ろうとしている場合には、それを阻止したとしても（つまり、暴力の行使にわたらない限度で、平和的説得を超えたとしても）、争議権保障の趣旨から当該ピケットは正当性を失わないと解されます。

　ストライキの正当性をめぐっては、判例と学説はこのように大きく対立しています。それでも、例えば入試の日に、賃金引上げなどを求めて事前に予告し、1時間の"walk out"のストライキをすることは、なんら正当性が否定されません。それでも、ストライキは人間の本来的自由に根ざすものですが、その与える影響が大きいときほど、関係者の理解を得るための言論活動が重要になるでしょう。

(4) 組合活動

　組合活動を行なう権利も、憲法28条で保障されています。団体行動権のなかに含まれるとする見解と、組合の内部運営にかかわる活動は団結権で、使用者との直接的な対抗関係が生じるものは団体行動権で保障されているとする見解がありますが、いずれにしても憲法上の保護を受けることにはかわりがありません。

　組合活動との関係でしばしば問題となるのが、使用者の施設管理権あるいは労働者の職務専念義務です。まず、使用者が労働組合による企業施設利用を許諾しないことが、支配介入（労働組合法7条3号）にあたるかが争われることがあります。最高裁は、学説において通説であった受忍義務説（使用者には一定の範囲で受忍義務があるとの考え方）を批判して、許諾説と呼ばれる立場をとっています。

　この考え方によれば、使用者が許諾しないことが権利の濫用とみられる

特段の事情がない限り、許諾のない組合活動に正当性はないとされます（国鉄札幌運転区事件・最二小判昭和54.10.30）。権利濫用が認められたものとしては、上部団体加入（組合が自主的に決定すべき事柄である）を契機に、これまでその都度許可していた施設利用を拒否した例があります（総合花巻（第一）病院事件・最一小判昭和60.5.23）。

　組合間差別に相当する場合にも権利濫用が認められるでしょう。無許可利用となった経緯における労使の態度を権利濫用の判断で重視する裁判例もみられます（オリエンタルモーター事件・最二小判平成7.9.8）。なお、ビラ配布については、使用者の許可がなくても、ビラ配布の目的・態様・ビラの内容から総合的に正当性が判断されています（倉田学園事件・最二小判平成6.12.20）。

　つぎに、勤務時間中の組合活動については、とくにリボン・腕章等を着用しての就労が職務専念義務（誠実労働義務ともいわれますが、一般的には労働義務が不完全履行とならないための注意義務と解されます）に反しないかが問題とされてきました。法律によって職務専念義務が規定されている公共部門（電電公社目黒電報電話局・最三小判昭和52.12.13）、リボン等の着用が職務の性質からして誠実労働義務と両立しない職場（大成観光事件・最三小判昭和57.4.13）では、実害の発生の有無にかかわらず職務専念義務に反するとされる傾向にあります。

　その一方で、就業時間中の組合活動について、当該組合活動が団結権確保に必要不可欠であり、業務に具体的な支障を生じておらず、その活動の原因がもっぱら使用者側にあることを理由に、正当性を認めた裁判例も存在します（オリエンタルモーター事件・最二小判平成3.2.22）。

　私立大学の最近の事例としては、団体交渉において、便宜供与はいっさい行なわない、施設内での組合活動は認めないといった回答を大学側が行なったケースがみられます。誠実交渉義務の点で疑問が残る交渉態度ですが、便宜供与については、労使間における合意の成立が重要になります。しかし、複数組合併存下で他組合には便宜供与を行なっているのに、当該組合には行なっていない場合には、組合間差別に該当し、支配介入の不当労働行為が成立します（労働組合法7条3号参照）。また、企業内組合活

動に関するルールづくりに向けて労使がとった態度が、具体的な紛争となった場合には重要な考慮要因とされることになるでしょう。

労働委員会、労働基準監督署、裁判所の活用

本章では、労働組合および個人が労使紛争の解決に向けた手段として、労働委員会や労働基準監督署、裁判所の活用方法を提示します。

1．労働委員会について

　労働者の団結権などの保護や労働組合と事業主との間の紛争解決を図るため、労働組合法に基づいた公の機関として各都道府県に労働委員会が設置されています。労働委員会は、労働者を代表する労働者委員（労働組合役員などから選任）、使用者を代表する使用者委員（企業経営者から選任）、公益を代表する公益委員（弁護士や大学教員などから選任）という３者で構成されており、都道府県の機関である都道府県労働委員会と、国の機関である中央労働委員会があります。

(1)労働委員会の機能

①あっせん、調停、仲裁の利用

　労働委員会では、労働委員会から依頼されたあっせん員が行なう「あっせん」や、公益委員・労働者委員・使用者委員の３者で構成する調停委員会が行なう「調停」、労使双方の合意に基づく申請により、公益委員の中から任命された仲裁委員３名で行なう「仲裁」という手段で、労使間の紛争解決の手助けをしてくれます。

②不当労働行為の救済申立

◆救済申立手続き

　労働者や労働組合は、使用者側から不当労働行為を受けた場合、労働委員会に救済を求めて申立を行なうことができます。なお、救済申立は不当労働行為があった日から「１年以内」に申立をする必要があるので注意が必要です。

◆不当労働行為審査の流れ

　不当労働行為の救済申立ができるのは、不当労働行為を受けた労働組合又は労働者です。救済申立の後は、労使双方の主張と争点、証拠を整理す

る「調査」が行なわれ、「審問」の場で証拠調べや当事者による陳述が行われます。

労働委員会での「審問」を経て、労働組合又は労働者に対する不当労働行為があったと認定されれば、解雇撤回（職場復帰命令）や賃金差額の支給、団体交渉の応諾など不当労働行為がなかった状態に戻したり、使用者に謝罪文を出すことなどの「命令」が交付されます。

◆命令に不服がある場合

都道府県労働委員会の命令に不服がある場合、中央労働委員会に再審査の申立をするか、裁判所に命令の取消を求める訴訟を行なうことができます。中央労働委員会への不服申立は、命令交付の日から15日以内に行なう必要があります。中央労働委員会の審査の流れは、都道府県労働委員会と同様の手順で進められます。

裁判所への提訴期限は、命令交付の日から使用者側は30日以内、労働者側は6ヵ月以内となっています。

(2)個別紛争解決のための手続き

不当労働行為でなくても、個々の労働者と使用者との間で生じている紛争事項（解雇、配置転換、労働条件の切り下げなど）について、調整（あっせん）による解決の手助けをしてくれます。

この手続きは、あっせん員が労使間で争いとなっているポイントを確認して、双方の歩み寄りを図りながら争いが解決できるよう助言・援助するものです。

この制度は、手続きにかかる費用は無料で、短期間で解決を図れるメリットがある一方、あくまでも話し合いによる解決制度なので、明確な結論を求めたい場合、裁判などの手続きによることになります。なお、裁判所や法令に基づく機関で手続きが進行中の争いに関しては、この手続きは利用できません。

２．労働局、労働基準監督署について

　労働基準監督署（以下「労基署」）は、労働基準法や最低賃金法、労働安全衛生法などの法律が職場で守られるよう監督するとともに、違法行為があれば是正指導等を行ない、問題状況の解決に向けた対応を行なう責任を負っている公の機関です。
　また、労働者は自分が働く職場で法律違反の事実がある場合、労基署へ申告することができます。例えば、「給料を払ってもらえない」「36協定を締結していないのに残業させられている」「残業の割増賃金を払ってもらえない」「有給休暇をもらえない」「最低賃金より安い給料しかもらえない」などの法律違反の事実がある場合、労働者は違反の事実を所轄の労基署に申告することができます。

(1)労働基準監督官の役割

　労基署の監督官は、法違反の事実関係を調査し、その事実があれば是正するよう事業所を指導する権限を有しています。監督官には事業所への立ち入り検査や、使用者を逮捕する権限も与えられています。また申告の際、証拠となる資料や書類が手元に無くても、就業規則や36協定、タイムカード、賃金台帳、派遣契約書などの書類提出を監督官は使用者に対して求めることができます。

(2)申告に当たっての留意点

　労基署に対して法違反の「申告」を行なう際は、単なる相談ではなく、法違反の「申告」で来たことを窓口ではっきりと告げて、「申告」として受理してもらうことが大事になります。原則として、「申告」は労働者が自分の名前を明らかにして行なうものです。労働者がこのような「申告」を行なったとしても、使用者はそれを理由に不利益な取り扱いをしてはならないと決められています。
　しかしながら、現実には会社が「申告」した犯人探しをする恐れもある

ため、実務上は「匿名申告」も可能とされています。「匿名申告」であっても、申告である以上、労基署には自分自身の氏名等を明らかにする必要はあるものの、使用者側には誰が申告したかは伏せられます。ただし、自分自身の残業代を請求する場合、労基署が申告者本人の分だけの賃金台帳やタイムカードの開示を使用者側に求めると、「匿名申告」であっても実際上、誰が申告したのかが使用者側には分かってしまいます。

　そこで、「情報提供」という方法が有効になってきます。この場合、労基署は使用者側に対し、不特定の労働者に関する書類等の開示を求めて調査を行ない、法違反の事実があれば是正指導をしてくれます。

　ただ、電話などによる匿名の「情報提供」では情報の信頼性が疑われ、迅速に対応してもらえない可能性もあるので、労基署には自分の氏名等を明らかにして行なうことが望ましいと言えます。「匿名申告」又は「情報提供」の扱いにするのかは、監督官ともよく相談して有効な対処を採っていく必要があります

(3) 個別労使紛争のあっせんについて

　各都道府県の労働局には「紛争調整委員会」が設置されており、解雇や賃金未払いなどの個別の紛争事案について、「あっせん」を受けることができます。紛争調整委員会は、労使双方の主張にもとづいて「あっせん案」を提示し、自主的な解決を促進する対応を行ないます。ただし「あっせん」案は、あくまで話し合いの方向性を示すものであって、その受諾を強制することはできず、相手方との合意が形成されない場合、民事訴訟や労働審判によって解決を図ることになります。また、セクハラについては、労働局に設置された「雇用均等室」で相談を受けることができるとともに、事案によって助言・指導・勧告をしてくれます。

3．裁判所の活用

(1)労働審判制度

①制度の概要

　2006年4月から個別的労働紛争の早期解決を目的に、従来の裁判制度の他に「労働審判制度」が導入されました。労働審判の対象は、「労働関係に関する事項について、個々の労働者と事業者との間に生じた民事に関する紛争」（個別労働関係民事紛争）とされています。組合活動に対する差別的扱いなどの集団的労使関係事件や、公務員の任命処分事件などは対象外とされています（労働審判法1条）。

　労働審判は、裁判官である労働審判官1名と労働審判員2名の計3名が共同して手続きを進めます。労働審判員は、使用者団体と労働団体からそれぞれ推薦された労働関係の専門家が任命されます（京都地方裁判所の労働審判員は労使から各11名を任命。労働側は連合京都推薦が6名、京都総評推薦が5名を任命）。

　労働者が労働審判を申し立てる場合、使用者の住所、居所、営業所、事務所、又は実際に申立人が働いている事業所（もしくは最後に働いていた事業所）のいずれかが所在する地方裁判所を選択して、申し立てることができます。また、当事者間の合意によって申立裁判所を決定することもできます。申立に掛かる費用は、調停の申立と同額とされています（請求金額が100万円の場合、印紙代5000円を原告が負担）。

　労働審判の手続きは、当事者自身で行なうことも可能ですが、短期間で必要な証拠書類を収集して申立書面を提出するとともに、裁判所において口頭で争点整理手続きを行なわなければならず、相当な専門的知識を要するため、代理人を立てることが望ましいと言えます。弁護士費用に関しては、法律扶助制度の利用などによって、申立人の負担を軽減する制度を利用することもできます。また、労働審判は「特別な事情がある場合を除き、3回以内の期日において、審理を集結しなければならない」（15条）と規定されている通り、迅速な審理が求められています。

②審理の流れ

　申立人は、申立内容と理由を記載した申立書を必要な証拠書類とともに裁判所に提出し、申立日から40日以内に第1回の期日が指定されます。相手方はそれまでの決められた日までに答弁書と必要な証拠書類を提出することが求められます。第1回期日では、双方の当事者および代理人が出頭し、提出した証拠書類に関する口頭での意見のやり取りや争点整理が行なわれ、第2回期日では第1回期日を踏まえた必要な整理や審尋を行ない、調停案が提示されることもあります。第3回期日では、必要な整理を行なうとともに調停案を協議し、調停案がまとまらない場合には「審判書」が作成され審判が行われます（20条）。

　労働審判の結果に不服がある当事者は、2週間以内に書面で異議の申し立てを裁判所に提出しなければなりません。適法な異議申立がなされると労働審判は効力を失い、異議の申し立てによって通常の訴訟が提起されたものとして扱われることになります。

③制度の有効活用に向けて

　労働審判で対象となる事件は「個別労働関係民事紛争」に限定されているため、組合活動に対する不当労働行為事件や、セクハラ事件における直接の加害者個人を相手方とするような申立はできません。

　また、労働審判事件の対象事件であっても、3回で解決することが不可能であることが当初から明らかな場合は労働審判への申立を見送る必要もあります。ただし、早期の和解（調停）による解決を求めるために、事案が複雑だったとしても、労働審判への申立を行なうほうが妥当な場合もあります。裁判所での話し合いによる解決機関として「調停申立」制度もありますが、労働審判では労使の専門家の参加により充実した協議の可能性が高いと考えられるため、調停申立よりも労働審判への申立の方が良い場合もあると考えられます。

　どの制度を選択するべきか一概に論じることはできないものの、事案や当事者の置かれた状況を踏まえながら、弁護士などの専門家に相談して適

切な選択をすることが重要になってきます。

(2)裁判所における手続き

①民事調停

　民事調停は、調停委員2名と裁判官1名が間に入って話し合いによる解決を図る制度です。基本的には原告・被告の主張は書面にまとめて提出しますが、当事者本人でも行えるように書面は比較的簡素化されており、口頭でのやり取りでも手続きが進められます。

　調停では、最終的に合意が成立する場合、双方が同席して合意条項を確認しますが、合意に至るまでの間は申立人と相手方とが交互に調停委員と話を行い、別々の待合室で待機することになるので、相手方と直接顔を合わすことはありません。調停は、申立から約1ヵ月後に第1回目が開催され、それ以後は毎月1回ほどのペースで調停期日が設けられます（一般的に合意に達するまで3ヵ月～6ヵ月程度を要する）。

　労働事件に関する調停は、簡易裁判所で行われます。調停は、当事者の合意がある場合等を除いて、原則として相手方の住所地の裁判所で行なわれます。

　調停の結果、双方合意に至れば「調停調書」が作成され、そこで約束されたことは確定判決と同じ効力が発生します。調停期日に正当な理由なく出頭しなかった場合、「5万円以下の過料に処せられる」と決められていますが、実際に過料の制裁がなされることは少ないため、調停を申し立てても相手方が必ず出頭するとは限りません。相手方が出頭しなかった場合、相手方が過料の制裁を受けることはあったとしても、調停は不成立で終了し、仮に相手方が出頭しても双方合意に至らなければ調停不成立となり、労働審判又は訴訟に拠ることになります。

②仮処分の申立

　当該の労働者が解雇され、解雇の効力を争う訴訟の結果を待っていては給料がもらえず生活に困窮するといった場合に、現状確保のための仮の措置を求めるのが「仮処分」の申立です。当該の労働者は、地方裁判所に「仮

処分」の申立を行ない、裁判所が「仮の地位の確認」や「賃金支払い」の必要性を認めた場合でも、あくまでも仮処分決定であって、使用者側は本訴訟を提訴することができるため、紛争を最終的に解決するものではありません。

　日本の裁判は長期の時間を要すると言われる中で、労働審判制度はできる限り簡易かつ早期の解決を目指して導入された制度ですが、仮処分も早期にかつ実効的に処理できる優れた手続きと言えます（3ヵ月～6ヵ月程度で結論が決定）。突然解雇され、生活が困窮状態に陥る労働者にとって、仮処分の決定により毎月の賃金収入が確保されることは極めて重要であり、使用者側による異議申し立て手続きが行なわれたとしても、その執行は止まらないのが最大の特徴です。

　仮処分の申立に際しては、仮の救済手続である性質上、「保全の必要性」（緊急の必要性）が求められます。そのため、解雇されて給料が支給されず、生活できなくなるという事情が「保全の必要性」として認められることが多い一方、損害賠償を求める事案や賃金差別などに関しては、現に支給されている給料で生活できている場合、この制度を利用することが難しいケースもあります。

③**本訴**

　本訴は、他の手続きを比べて最終手段と言えるものであり、「調停」のような当事者間の協議の場ではなく、当事者が法廷に提出した証拠に基づいて、裁判官が法律の規定に従い、原告の請求に理由があるかどうか判断する制度です。訴訟では、労働者と使用者双方の言い分を整理する手続き（弁論）をした後、証人尋問など証拠を調べる手続きを経て、最終的な判断（判決）が下されます。訴訟案件によっては、裁判途中で和解の場が設けられる場合もあります。

　裁判は、最終的な結論を出すことができることと、その結論に強制力がある点からも有効性の高い手段であると言えます。他方、裁判所に提出する書面（準備書面など）は、高度な法的知識を有する作業であり、他の手続きと比べても多くの時間と費用を要するため、本訴を行なうまでに十分

な検討と訴訟見通しを専門家（弁護士など）とも相談の上、適切に判断していく必要があります。

　このような労基署や労働委員会、裁判所といった第三者機関を個人で活用する場合でも、当該職場の労働組合の支援を受けられるような対応を進めるとともに、労働組合も必要に応じて第三者機関の積極的な活用を図っていく必要があります。

執筆協力者（敬称略、50音順）
佐藤　敬二（立命館大学法学部教授）
福山　和人（京都法律事務所弁護士）
矢野　昌浩（名古屋大学大学院法学研究科教授）
脇田　滋（龍谷大学名誉教授）

京滋地区私立大学教職員組合連合、京都私立大学教職員組合連絡協議会
〒602-8469　京都市上京区中筋通浄福寺西入中宮町311
　　　　　　電話　075-415-1092
　　　　　　FAX　075-415-1093
　　　　　　E-mail　kfpu@ari.bekkoame.or.jp
　　　　　　URL　http://www.bekkoame.or.jp/~kfpu

新版　大学教職員のための権利ハンドブック
2018年5月30日　　第1刷発行

　編　者／京滋地区私立大学教職員組合連合
　　　　　京都私立大学教職員組合連絡協議会
　発行者／竹村正治
　発行所／株式会社　かもがわ出版
　　　　　〒602-8119　京都市上京区堀川通出水西入
　　　　　☎075(432)2868　FAX 075(432)2869
　　　　　　振替　01010-5-12436
　印　刷／新日本プロセス株式会社

ISBN978-4-7803-0967-6 C0036